עִבְרִית חֲדָשָׁה לְתוֹדָעָה יְהוּדִית –2– Hebrew and Heritage

Hebrew and Heritage by David Bridger–2

BEHRMAN HOUSE INC.

דָוִד בְּרִידְגֶ׳ר

עִבְרִית חֲדָשָׁה

לְתוֹדָעָה יְהוּדִית

2

This book was illustrated by ZHENIA SHOR
and designed by HANANYA COHEN
under the supervision of PRISCILLA FISHMAN

Copyright © 1977 by Behrman House, Inc.
11 Edison Place, Springfield, NJ 07081
www.behrmanhouse.com

Library of Congress Catalog Card Number: 75-1812
ISBN 0-87441-252-8
Revised – 1982 Edition

Manufactured in the United States of America

יְחִידָה אָלֶף

Unit One – Friends

חֲבֵרִים

שִׁעוּר רִאשׁוֹן

Lesson One

שֶׁלִּי — שֶׁלְּךָ

דָּוִד וְשִׁמְעוֹן הוֹלְכִים בָּרְחוֹב. שִׁמְעוֹן אוֹמֵר:
— דָּוִד יֵשׁ לִי מַשֶּׁהוּ בִּשְׁבִילְךָ.
אוֹמֵר דָּוִד:
— יֵשׁ לְךָ מַשֶּׁהוּ בִּשְׁבִילִי בַּכִּיס שֶׁלְּךָ?
לֹא — אוֹמֵר שִׁמְעוֹן — בַּכִּיס שֶׁלִּי יֵשׁ חוֹר.
יֵשׁ לִי מַשֶּׁהוּ בִּשְׁבִילְךָ בַּבַּיִת שֶׁלִּי.
אוֹמֵר דָּוִד:
— הַאִם זֶה מַשֶּׁהוּ גָּדוֹל? הַאִם זֶה מַשֶּׁהוּ קָטָן?

— לֹא זֶה וְלֹא זֶה — אוֹמֵר שִׁמְעוֹן — בַּבַּיִת יֵשׁ לִי
מַשֶּׁהוּ טוֹב בִּשְׁבִילְךָ.
— אֲנִי לֹא יוֹדֵעַ — אוֹמֵר דָּוִד — מַה שֶּׁיֵּשׁ לְךָ בַּבַּיִת.
בְּבַקָּשָׁה אֱמֹר לִי!
בַּבַּיִת שֶׁלִּי יֵשׁ מַשֶּׁהוּ טוֹב לֶאֱכֹל.
אַתָּה חָבֵר טוֹב שֶׁלִּי וְיֵשׁ לִי לֶחֶם טוֹב בִּשְׁבִילְךָ.
אוֹמֵר דָּוִד:
— הַאִם אִמָּא שֶׁלְּךָ אוֹפָה לֶחֶם?
— לֹא — אוֹמֵר שִׁמְעוֹן — אֲנִי אוֹפֶה אֶת הַלֶּחֶם.
בּוֹא אֶל הַבַּיִת שֶׁלִּי. בּוֹא לֶאֱכֹל
לֶחֶם טוֹב! שֶׁלִּי — שֶׁלְּךָ!!
דָּוִד וְשִׁמְעוֹן הוֹלְכִים אֶל הַבַּיִת שֶׁל שִׁמְעוֹן.
דָּוִד וְשִׁמְעוֹן חֲבֵרִים טוֹבִים.

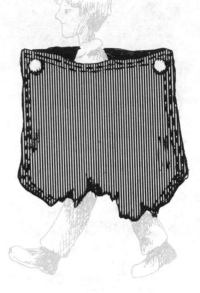

דו־שִׂיחַ   *Dialogue*

שִׁמְעוֹן: דָּוִד, הַאִם אַתָּה יוֹדֵעַ שֶׁיֵּשׁ לִי מַשֶּׁהוּ בִּשְׁבִילְךָ?

דָּוִד: לֹא, אֲנִי לֹא יוֹדֵעַ. אֱמֹר לִי מַה יֵּשׁ לְךָ בִּשְׁבִילִי.

שִׁמְעוֹן: יֵשׁ לִי מַשֶּׁהוּ טוֹב בִּשְׁבִילְךָ.

דָּוִד: הַאִם זֶה בַּכִּיס שֶׁלְּךָ?

שִׁמְעוֹן: לֹא. זֶה לֹא בַּכִּיס שֶׁלִּי. בַּכִּיס שֶׁלִּי יֵשׁ חוֹר.

דָּוִד: אִם זֶה לֹא בַּכִּיס שֶׁלְּךָ, אֵיפֹה זֶה?

שִׁמְעוֹן: יֵשׁ לִי מַשֶּׁהוּ בִּשְׁבִילְךָ בַּבַּיִת שֶׁלִּי.

דָּוִד: אֱמֹר לִי, בְּבַקָּשָׁה, הַאִם זֶה מַשֶּׁהוּ גָּדוֹל?

שִׁמְעוֹן: לֹא. זֶה לֹא גָּדוֹל.

דָּוִד: הַאִם זֶה מַשֶּׁהוּ קָטָן?

שִׁמְעוֹן: לֹא. זֶה לֹא מַשֶּׁהוּ קָטָן.

דָּוִד: אִם זֶה לֹא קָטָן וְזֶה לֹא גָּדוֹל,
אֱמֹר לִי, בְּבַקָּשָׁה, מַה יֵּשׁ לְךָ בִּשְׁבִילִי?
שִׁמְעוֹן: בַּבַּיִת שֶׁלִּי יֵשׁ לִי מַשֶּׁהוּ טוֹב לֶאֱכֹל.
דָּוִד: בִּשְׁבִילִי?
שִׁמְעוֹן: כֵּן, בִּשְׁבִילְךָ. אַתָּה חָבֵר טוֹב שֶׁלִּי,
וְיֵשׁ לִי לֶחֶם טוֹב וְיָפֶה בִּשְׁבִילְךָ.
דָּוִד: הַאִם אִמָּא שֶׁלְּךָ אוֹפָה לֶחֶם?
שִׁמְעוֹן: לֹא, הִיא לֹא אוֹפָה לֶחֶם. אֲנִי אוֹפֶה אֶת הַלֶּחֶם.
דָּוִד: בִּשְׁבִיל מִי אַתָּה אוֹפֶה אֶת הַלֶּחֶם?
שִׁמְעוֹן: אֲנִי אוֹפֶה לֶחֶם טוֹב בִּשְׁבִילִי וּבִשְׁבִילְךָ.
אֲנִי אוֹפֶה לֶחֶם טוֹב בִּשְׁבִיל חָבֵר טוֹב.
דָּוִד: גַּם אַתָּה חָבֵר טוֹב, שִׁמְעוֹן.
שִׁמְעוֹן: בּוֹא אֶל הַבַּיִת שֶׁלִּי! בּוֹא לֶאֱכֹל לֶחֶם טוֹב! שֶׁלִּי – שֶׁלְּךָ.
דָּוִד: תּוֹדָה שִׁמְעוֹן. אַתָּה חָבֵר טוֹב. שֶׁלְּךָ – שֶׁלִּי, שֶׁלִּי – שֶׁלְּךָ.

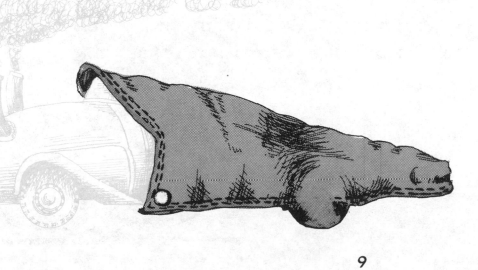

א

יֵשׁ לִי מַשֶּׁהוּ טוֹב.
גַּם לְךָ יֵשׁ מַשֶּׁהוּ טוֹב.
לְךָ יֵשׁ מַשֶּׁהוּ יָפֶה.
זֶה מַשֶּׁהוּ גָּדוֹל.
זֶה מַשֶּׁהוּ קָטָן.

ב

יֵשׁ לִי כִּיס גָּדוֹל.
יֵשׁ לְךָ כִּיס קָטָן.
הִנֵּה כִּיס יָפֶה.
אֵין לִי כִּיס.
הַאִם זֶה כִּיס?

ג

זֶה בִּשְׁבִילִי וְזֶה בִּשְׁבִילְךָ.
לֹא בִּשְׁבִילִי וְלֹא בִּשְׁבִילְךָ.
מַה בִּשְׁבִילִי, וּמַה בִּשְׁבִילְךָ?
הַאִם זֶה בִּשְׁבִילִי?
טוֹב בִּשְׁבִילִי וְלֹא טוֹב בִּשְׁבִילְךָ.

ד

הַאִם הַיֶּלֶד קָטָן?
הַסֵּפֶר הַזֶּה קָטָן.
הָעִפָּרוֹן לֹא קָטָן.
יֵשׁ לִי שֻׁלְחָן קָטָן.
מִי קָטָן?

ה

אֱמֹר לִי!
אֱמֹר לַמּוֹרֶה!
אֱמֹר לְאַבָּא!
אֱמֹר לְאִמָּא!
אֱמֹר לְסַבָּא!

ו

הַאִם אַתָּה גָּדוֹל?
הִנֵּה סֵפֶר גָּדוֹל.
זֶה עִפָּרוֹן גָּדוֹל.
מִי גָּדוֹל?
מַה גָּדוֹל?

ז

זֶה חוֹר גָּדוֹל.
זֶה חוֹר קָטָן.
הַאִם יֵשׁ חוֹר בַּכִּיס?
זֶה חוֹר לֹא גָּדוֹל.
הַאִם זֶה חוֹר?

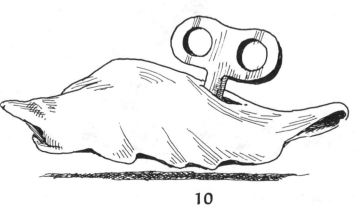

א

Check (V) the sentence which best describes the illustration.

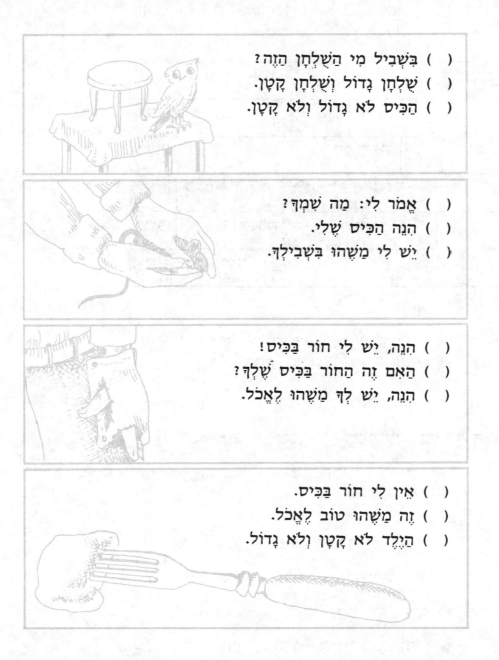

( ) בִּשְׁבִיל מִי הַשֻּׁלְחָן הַזֶּה?

( ) שֻׁלְחָן גָּדוֹל וְשֻׁלְחָן קָטָן.

( ) הַכִּיס לֹא גָּדוֹל וְלֹא קָטָן.

( ) אֱמֹר לִי: מַה שִּׁמְךָ?

( ) הִנֵּה הַכִּיס שֶׁלִּי.

( ) יֵשׁ לִי מַשֶּׁהוּ בִּשְׁבִילְךָ.

( ) הִנֵּה, יֵשׁ לִי חוֹר בַּכִּיס!

( ) הַאִם זֶה הַחוֹר בַּכִּיס שֶׁלְּךָ?

( ) הִנֵּה, יֵשׁ לְךָ מַשֶּׁהוּ לֶאֱכֹל.

( ) אֵין לִי חוֹר בַּכִּיס.

( ) זֶה מַשֶּׁהוּ טוֹב לֶאֱכֹל.

( ) הַיֶּלֶד לֹא קָטָן וְלֹא גָּדוֹל.

ב

You can find the translation of each of the following English words among the shaded bricks below. Write it in the white brick which has the same number.

1 something	3 say!	5 for me	7 small
2 pocket	4 for you	6 big	8 hole

1 מַשֶׁהוּ | אֱמֹר | 2 | רְחוֹב
מַה | 3 | מַשֶׁהוּ | 4 | כִּיס
בִּשְׁבִילִי | 5 | בְּבַקָּשָׁה | חוֹר
הַאִם | קָטָן | לֶאֱכֹל | 6 | שֶׁלִּי
טוֹב | תּוֹדָה | אוֹמֵר | 7
אֲנִי | בִּשְׁבִילְךָ | 8 | גָּדוֹל | יֵשׁ

Circle the Hebrew word or phrase which has the same meaning as the English word(s) to the right.

in the street	רְחוֹב בָּרְחוֹב הָרְחוֹב
for me	בִּשְׁבִיל בִּשְׁבִילִי בִּשְׁבִילְךָ
in the pocket	כִּיס הַכִּיס בַּכִּיס
mine	שֶׁלִּי שֶׁלְּךָ שֶׁלָּךְ
yours (f.)	שֶׁלִּי שֶׁלְּךָ שֶׁלָּךְ
for you (m.)	בִּשְׁבִיל בִּשְׁבִילִי בִּשְׁבִילְךָ
I have	יֵשׁ לִי יֵשׁ לְךָ יֵשׁ לָךְ
the hole	חוֹר הַחוֹר בַּחוֹר

ד

מַה חָסֵר?   *What's Missing?*

Choose one of the following words to complete each sentence.

גָּדוֹל   בִּשְׁבִילִי   חוֹר   אֱמֹר   בִּשְׁבִילְךָ   כִּיס
מַשֶּׁהוּ   קָטָן

אִמָּא אוֹמֶרֶת שֶׁיֵּשׁ לִי __________ בַּכִּיס.
לִי יֵשׁ כִּיס אֶחָד וְעוֹד __________ אֶחָד.
הַיֶּלֶד הַזֶּה לֹא גָּדוֹל. הוּא __________.
הַחוֹר לֹא קָטָן. הוּא __________.
הַאִם יֵשׁ לְךָ מַשֶּׁהוּ __________?
זֶה לֹא בִּשְׁבִילִי; זֶה __________.
__________ לִי: מַה שִּׁמְךָ?
בַּכִּיס יֵשׁ לִי __________ טוֹב וְיָפֶה.

ה

אֱמֹר בְּעִבְרִית   *Say it in Hebrew*

1 This is a small boy.
2 I have a big brother.
3 I do not have a hole.
4 Where is your pocket?
5 What do you have for me?
6 I have something for you.
7 You have something good.
8 Where is my little brother?

שִׁעוּר שֵׁנִי

Lesson Two

רוּת רוֹצָה לִקְנוֹת מַתָּנָה

רוּת הוֹלֶכֶת אֶל הַחֲנוּת. הִיא רוֹצָה לִקְנוֹת מַתָּנָה בִּשְׁבִיל הַדוֹדָה שֶׁלָּהּ.

הַחֲבֵרָה שֶׁלָּהּ, אוֹרָה, אוֹמֶרֶת:

– לָמָה אַתְּ רוֹצָה לִקְנוֹת מַתָּנָה?

רוּת אוֹמֶרֶת:

אֲנִי וְגַם הָאָח שֶׁלִּי הוֹלְכִים הַיּוֹם אֶל הַבַּיִת שֶׁל הַדוֹדָה.

אֲנַחְנוּ אוֹרְחִים טוֹבִים. כָּל אוֹרֵחַ טוֹב צָרִיךְ לִקְנוֹת מַתָּנָה.
רוּת לֹא רוֹצָה לִקְנוֹת מַשֶּׁהוּ גָּדוֹל וְלֹא מַשֶּׁהוּ קָטָן.
הִיא רוֹצָה לִקְנוֹת מַשֶּׁהוּ טוֹב וְיָפֶה.
גַּם אוֹרָה רוֹצָה לָלֶכֶת אֶל הַחֲנוּת. הִיא לֹא רוֹצָה לִקְנוֹת
מַתָּנָה. הִיא אוֹהֶבֶת לָלֶכֶת אֶל הַחֲנוּת.
רוּת אוֹמֶרֶת אֶל אוֹרָה:
– טוֹב, אוֹרָה, בּוֹאִי גַּם אַתְּ אֶל הַחֲנוּת!

דו־שִׂיחַ Dialogue

אוֹרָה: שָׁלוֹם, רוּת. הַאִם אַתְּ הוֹלֶכֶת הַבַּיְתָה?
רוּת: שָׁלוֹם, אוֹרָה. לֹא, אֲנִי הוֹלֶכֶת אֶל הַחֲנוּת.
אוֹרָה: אֶל הַחֲנוּת? מָה אַתְּ רוֹצָה לִקְנוֹת?
רוּת: אֲנִי רוֹצָה לִקְנוֹת מַתָּנָה.
אוֹרָה: בִּשְׁבִיל מִי?
רוּת: בִּשְׁבִיל הַדּוֹדָה שֶׁלִּי.
אוֹרָה: לָמָּה אַתְּ רוֹצָה לִקְנוֹת מַתָּנָה בִּשְׁבִיל הַדּוֹדָה שֶׁלָּךְ?
רוּת: הָאָח שֶׁלִּי וְגַם אֲנִי הוֹלְכִים הַיּוֹם אֶל הַבַּיִת שֶׁל הַדּוֹדָה.
אֲנַחְנוּ אוֹרְחִים טוֹבִים... צָרִיךְ לִקְנוֹת מַתָּנָה.

אוֹרָה: גַּם הַדּוֹדָה שֶׁלִּי יוֹדַעַת שֶׁאֲנִי וְהָאָח שֶׁלִּי אוֹרְחִים טוֹבִים.
הִיא אוֹמֶרֶת: בְּרוּכִים הַבָּאִים! בְּרוּכִים הָאוֹרְחִים!

רוּת: כֵּן. אוֹרֵחַ צָרִיךְ לִקְנוֹת מַתָּנָה.

אוֹרָה: הַאִם אַתְּ רוֹצָה לִקְנוֹת מַשֶּׁהוּ גָּדוֹל?

רוּת: לֹא גָּדוֹל וְלֹא קָטָן. אֲנִי רוֹצָה לִקְנוֹת מַשֶּׁהוּ טוֹב וְיָפֶה.

אוֹרָה: גַּם אֲנִי רוֹצָה לָלֶכֶת אֶל הַחֲנוּת.

רוּת: הַאִם גַּם אַתְּ רוֹצָה לִקְנוֹת מַתָּנָה?

אוֹרָה: לֹא. אֲנִי אוֹהֶבֶת לָלֶכֶת אֶל הַחֲנוּת.

רוּת: טוֹב וְיָפֶה. בּוֹאִי אֶל הַחֲנוּת!

אוֹרָה: אֶל הַחֲנוּת! אֶל הַחֲנוּת! טוֹב לִקְנוֹת מַתָּנָה!

רוּת: אַתְּ חֲבֵרָה טוֹבָה. בּוֹאִי אֶל הַחֲנוּת!

ב	א
אֵיפֹה הַחֲנוּת?	אוֹרָה הוֹלֶכֶת הַבַּיְתָה.
לַסַבָּא שֶׁלִי יֵשׁ חֲנוּת.	הִיא הוֹלֶכֶת אֶל סַבְתָּא.
מַה יֵשׁ בַּחֲנוּת?	הִיא הוֹלֶכֶת אֶל הַחֲנוּת.
צָרִיךְ לָלֶכֶת אֶל הַחֲנוּת.	אֶל מִי הוֹלֶכֶת רוּת?
לָמָה אַתְּ הוֹלֶכֶת אֶל הַחֲנוּת?	הִיא הוֹלֶכֶת הַיּוֹם.

ד	ג
זֹאת מַתָּנָה טוֹבָה.	אֲנִי רוֹצָה לִקְנוֹת גְּבִינָה.
אֵיפֹה הַמַתָּנָה הַזֹּאת?	הִיא רוֹצָה לִקְנוֹת מַחְבֶּרֶת.
הַאִם יֵשׁ לְךָ מַתָּנָה?	צָרִיךְ לִקְנוֹת מַשֶּׁהוּ.
צָרִיךְ לִקְנוֹת מַתָּנָה.	צָרִיךְ לִקְנוֹת חֶמְאָה.
אֵין מַתָּנָה בִּשְׁבִילְךָ.	אֲנִי אוֹהֵב לִקְנוֹת סֵפֶר.

ז	ו	ה
לָמָה אַתְּ הוֹלֶכֶת?	הוּא אוֹרֵחַ טוֹב.	צָרִיךְ לֶאֱכֹל.
לָמָה אַתָּה לוֹמֵד?	מִי אוֹרֵחַ?	צָרִיךְ לִקְנוֹת.
לָמָה הֵם בָּאִים?	אַתָּה אוֹרֵחַ.	צָרִיךְ לִלְמֹד.
לָמָה אַתָּה אוֹמֵר זֹאת?	הִנֵּה אוֹרֵחַ.	צָרִיךְ לִכְתֹּב.
לָמָה לְךָ כָּל זֶה?	הַאִם הוּא אוֹרֵחַ?	צָרִיךְ לָלֶכֶת.

א

Check (V) the sentence which best describes the illustration.

( ) הִיא הוֹלֶכֶת בָּרְחוֹב.
( ) הִיא לוֹמֶדֶת בַּכִּתָּה.
( ) אִמָּא הוֹלֶכֶת אֶל הַחֲנוּת.

( ) הוּא צָרִיךְ לָלֶכֶת הַבַּיְתָה.
( ) לָמָּה הִיא הוֹלֶכֶת בָּרְחוֹב?
( ) הִיא הוֹלֶכֶת לִקְנוֹת מַשֶּׁהוּ בַּחֲנוּת.

( ) הוּא צָרִיךְ לִקְנוֹת מַתָּנָה.
( ) זֹאת מַתָּנָה יָפָה.
( ) אִמָּא הוֹלֶכֶת לִקְנוֹת מַתָּנָה.

( ) לָמָּה הֵם בָּאִים הַבַּיְתָה?
( ) כָּל אֶחָד רוֹצֶה לִקְנוֹת מַשֶּׁהוּ.
( ) אוֹרָה בַּבַּיִת.

To solve this crossword puzzle, find the words in the
Hebrew list which mean the same as the following
English words.

Across 1 who?   Down 4 why?
        2 must (has to)   7 for me
        3 (she) is walking   8 to buy
        4 to him   9 store
        5 gift
        6 guest

גְּבִינָה · הוֹלֶכֶת · לוֹ · בִּשְׁבִילִי · מַתָּנָה · מִי · צָרִיךְ
אֵיפֹה · אֲרוּחָה · בִּשְׁבִיל · חֲנוּת · לָמָה · לִקְנוֹת · לִי
כִּיס · אוֹרֵחַ · הוֹלֵךְ

ג

מָה חָסֵר? What's Missing?

Choose one of the following words to complete each sentence.

חֲנוּת שֶׁלְּךָ אוֹרֵחַ לָמָה לִקְנוֹת הוֹלֶכֶת

בִּשְׁבִילִי צָרִיךְ

לָאוֹרֵחַ יֵשׁ מַתָּנָה __________.

__________ הִיא הוֹלֶכֶת אֶל הַחֲנוּת?

הִיא __________ לִקְנוֹת מַשֶּׁהוּ גָדוֹל.

הַמַּתָּנָה הַזֹּאת הִיא לֹא __________.

צָרִיךְ לִקְנוֹת מַתָּנָה בַּ__________.

לָמָה __________ לִקְנוֹת מַתָּנָה?

הָ__________ אוֹמֵר: יֵשׁ לִי מַשֶּׁהוּ בִּשְׁבִילְךָ.

צָרִיךְ __________ מַתָּנָה בִּשְׁבִילְךָ.

ד

אֱמֹר בְּעִבְרִית Say it in Hebrew

1 He is a guest in the house.
2 Who is going to the store?
3 What do you want to buy?
4 I have a good gift for you.
5 He must go to the store.
6 Why does she want to go?
7 He is a good guest.
8 He has to (must) buy this!

שִׁעוּר שְׁלִישִׁי

Lesson Three

קְנֵה לְךָ חָבֵר!

דָּוִד וְיוֹסֵף הוֹלְכִים בָּרְחוֹב.

יוֹסֵף רוֹצֶה לָלֶכֶת אֶל הַחֲנוּת. הוּא רוֹצֶה לִקְנוֹת "חָבֵר".

אוֹמֵר דָּוִד:

– בַּחֲנוּת אֶפְשָׁר לִקְנוֹת לֶחֶם וְחֶמְאָה. בַּחֲנוּת אֶפְשָׁר
לִקְנוֹת גַּם חָלָב וּגְבִינָה. אֲבָל אֵיךְ אֶפְשָׁר לִקְנוֹת "חָבֵר"?

– הִנֵּה עַל הַחֲנוּת שֶׁלֶט – אוֹמֵר יוֹסֵף – אֶפְשָׁר לִקְרֹא
עַל הַשֶּׁלֶט: "קְנֵה לְךָ חָבֵר".

— אֲנִי רוֹאֶה עַל הַשֶּׁלֶט — אוֹמֵר דָּוִד — גַּם ''כֶּלֶב'' קָטָן.
אֲנִי יוֹדֵעַ מַה שֶּׁאַתָּה רוֹצֶה לִקְנוֹת. אַתָּה רוֹצֶה לִקְנוֹת
כֶּלֶב קָטָן. הַכֶּלֶב חָבֵר טוֹב!
אוֹמֵר יוֹסֵף:
— אַתָּה יוֹדֵעַ. כֵּן, אֲנִי רוֹצֶה לִקְנוֹת מַתָּנָה
בִּשְׁבִיל הָאָח הַקָּטָן שֶׁלִּי. אֲנִי רוֹצֶה לִקְנוֹת כֶּלֶב קָטָן
בִּשְׁבִיל הָאָח שֶׁלִּי.
אוֹמֵר דָּוִד:
— זֹאת מַתָּנָה טוֹבָה. כָּל יֶלֶד אוֹהֵב כֶּלֶב קָטָן.
הַכֶּלֶב חָבֵר שֶׁל כָּל יֶלֶד.

דָּוִד: לָמָּה אַתָּה הוֹלֵךְ אֶל הַחֲנוּת?

יוֹסֵף: אֲנִי צָרִיךְ לִקְנוֹת... חָבֵר.

דָּוִד: לִקְנוֹת חָבֵר? אֵיךְ אֶפְשָׁר לִקְנוֹת חָבֵר?

יוֹסֵף: אֶפְשָׁר וְאֶפְשָׁר!

דָּוִד: בַּחֲנוּת אֶפְשָׁר לִקְנוֹת לֶחֶם וְחֶמְאָה. בַּחֲנוּת גַּם אֶפְשָׁר לִקְנוֹת חָלָב וּגְבִינָה. אֲבָל אֵיךְ אֶפְשָׁר לִקְנוֹת חָבֵר?

יוֹסֵף: אַתָּה לֹא יוֹדֵעַ? הַאִם אַתָּה רוֹאֶה אֶת הַחֲנוּת הַזֹּאת?

דָּוִד: כֵּן, אֲנִי רוֹאֶה. הַאִם יֵשׁ בַּחֲנוּת הַזֹּאת חֲבֵרִים?

יוֹסֵף: יֵשׁ וְיֵשׁ!

דָּוִד: מָה אַתָּה אוֹמֵר? אֲנִי לֹא...

יוֹסֵף: הַאִם אַתָּה יוֹדֵעַ לִקְרֹא?

דָּוִד: כֵּן, אֲנִי יוֹדֵעַ. מַה יֵּשׁ לִקְרֹא?

יוֹסֵף: צָרִיךְ לִקְרֹא אֶת הַשֶּׁלֶט. הַאִם אַתָּה רוֹאֶה אֶת הַשֶּׁלֶט?

דָּוִד: כֵּן. אֲנִי רוֹאֶה אֶת הַשֶּׁלֶט הַזֶּה.

יוֹסֵף: הַאִם אַתָּה יוֹדֵעַ לִקְרֹא אֶת הַשֶּׁלֶט?

דָּוִד: כֵּן... הִנֵּה... "קְנֵה לְךָ חָבֵר".

יוֹסֵף: מָה עוֹד אַתָּה רוֹאֶה עַל הַשֶּׁלֶט?

דָּוִד: אֲנִי רוֹאֶה גַּם "כֶּלֶב" קָטָן... וְעוֹד "כֶּלֶב" קָטָן...

יוֹסֵף: חַ, חַ, חַ! זֶה הוּא זֶה! אֲנִי רוֹצֶה לִקְנוֹת מַתָּנָה בִּשְׁבִיל הָאָח הַקָּטָן שֶׁלִּי.

דָּוִד: זֶה יָפֶה. אַתָּה רוֹצֶה לִקְנוֹת כֶּלֶב. הַכֶּלֶב חָבֵר טוֹב...

יוֹסֵף: אֲנִי רוֹצֶה לִקְנוֹת חָבֵר טוֹב בִּשְׁבִיל הָאָח שֶׁלִּי.

דָּוִד: כָּל אֶחָד יוֹדֵעַ,
כָּל אֶחָד אוֹמֵר:
לְכָל יַלְדָּה וְיֶלֶד —
הַכֶּלֶב הוּא חָבֵר!

א

מִי הוֹלֵךְ בָּרְחוֹב?
לָמָה אַתָּה הוֹלֵךְ?
דָּוִד הוֹלֵךְ הַבַּיְתָה.
הַאִם גַּם הוּא הוֹלֵךְ?

ב

אֵיךְ אַתָּה הוֹלֵךְ?
אֵיךְ הִיא לוֹמֶדֶת?
אֵיךְ הֵם בָּאִים?
אֵיךְ אֶפְשָׁר לִלְמֹד?

ג

אֵיךְ אֶפְשָׁר לָלֶכֶת?
הַאִם אֶפְשָׁר לִכְתֹּב?
הַיּוֹם אֶפְשָׁר לִקְרֹא.
כֵּן, זֶה אֶפְשָׁר.

ד

דָּוִד, קְנֵה לְךָ סֵפֶר!
מֹשֶׁה, קְנֵה לִי לֶחֶם.
קָנֶה שֶׁלֶט בִּשְׁבִיל הַחֲנוּת.
קָנֶה כֶּלֶב בִּשְׁבִיל הַיֶּלֶד.

ה

אֵיפֹה הַשֶּׁלֶט?
בַּבַּיִת אֵין שֶׁלֶט.
הַאִם זֶה שֶׁלֶט יָפֶה?
צָרִיךְ לִקְנוֹת שֶׁלֶט.

ו

מָה אַתָּה רוֹאֶה?
אֵין אֲנִי רוֹאֶה אֶת הַסֵּפֶר.
הוּא רוֹאֶה אֶת הַחֲנוּת.
מִי לֹא רוֹאֶה אֶת הַשֶּׁלֶט?

ז

זֶה כֶּלֶב קָטָן.
אֵיפֹה הַכֶּלֶב?
הִנֵּה הַכֶּלֶב!
לָמָה לְךָ כֶּלֶב?

ח

אֲנִי רוֹצֶה לִכְתֹּב, אֲבָל אֵין לִי עִפָּרוֹן.
אֲנִי גָּדוֹל, אֲבָל הוּא קָטָן.
זֶה בִּשְׁבִילִי, אֲבָל זֶה בִּשְׁבִילְךָ.
הוּא תַּלְמִיד, אֲבָל הִיא מוֹרָה.

א

Check (V) the sentence which best describes the illustration.

( ) הַכֶּלֶב הוֹלֵךְ אֶל הַחֲנוּת.
( ) הַשֶּׁלֶט עַל הַחֲנוּת.
( ) אֲבָל אֵיפֹה הַשֶּׁלֶט?

( ) הוּא רוֹאֶה אֶת הַכֶּלֶב.
( ) הַכֶּלֶב רוֹאֶה אֶת הַיֶּלֶד.
( ) אֲנִי רוֹאֶה אֶת הַשֶּׁלֶט הַיָּפֶה.

( ) בּוֹא הֵנָּה. קְנֵה כֶּלֶב קָטָן!
( ) אֵיךְ אֶפְשָׁר לִקְנוֹת חָבֵר?
( ) אַבָּא רוֹצֶה לִקְנוֹת כֶּלֶב.

( ) הַאִם אַתָּה רוֹאֶה אֶת הַשֶּׁלֶט?
( ) הַאִם אַתָּה רוֹאֶה אֶת הַכֶּלֶב הַקָּטָן?
( ) הַאִם אַתָּה רוֹאֶה אֶת הַחֲנוּת?

ב

Use this table of the numerical values of the Hebrew letters to write the Hebrew translation of the English words in the right-hand column.

100 = ק	10 = י	1 = א
200 = ר	20 = כּ כ ך	2 = בּ ב
300 = שׁ שׂ	30 = ל	3 = ג
400 = תּ ת	40 = מ ם	4 = ד
	50 = נ ן	5 = ה
	60 = ס	6 = ו
	70 = ע	7 = ז
	80 = פּ פ ף	8 = ח
	90 = צ ץ	9 = ט

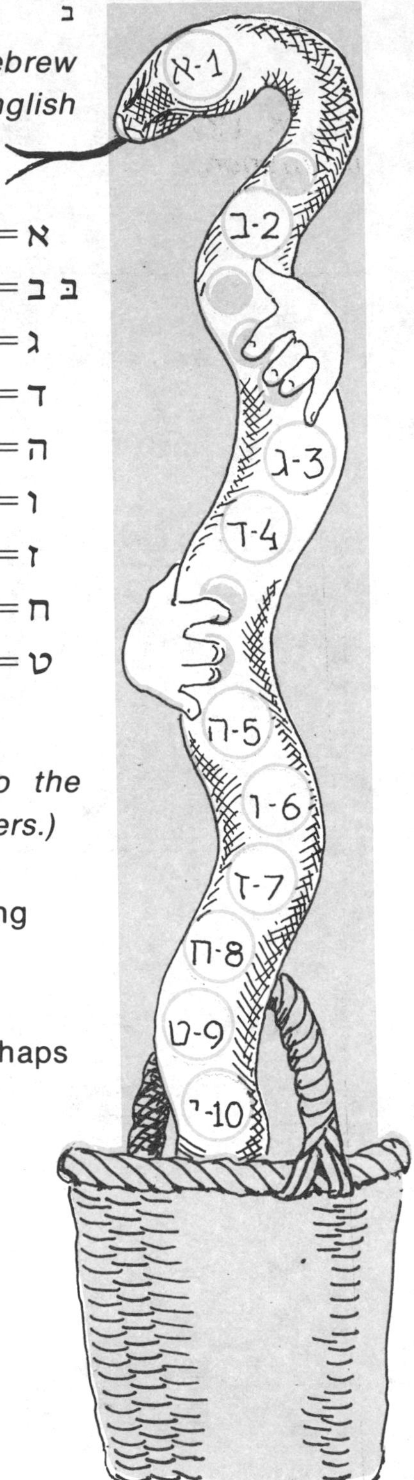

(The vowels appearing underneath and next to the numerals go with the corresponding Hebrew letters.)

הוֹלֵךְ (20 30 6 5) (he) is walking

__________ (20 10 1) how?

__________ (200 300 80 1) possible, perhaps

__________ (30 2 1) but

__________ (5 1 6 200) see(s)

__________ (9 30 300) sign

__________ (2 30 20) dog

__________ (5 50 100) buy

ג

מַה חָסֵר? *What's Missing?*

Choose one of the following words to complete each sentence.

שֶׁלֶט לִכְתֹּב קְנֵה הוֹלֵךְ חֲנוּת כֶּלֶב חָבֵר אֶפְשָׁר

אֵיךְ אֶפְשָׁר לִקְנוֹת ________?

הוּא יוֹדֵעַ לִקְרֹא, אֲבָל לֹא יוֹדֵעַ ________.

הִיא הוֹלֶכֶת אֶל הַחֲנוּת וְגַם הוּא ________.

עַל הַחֲנוּת אֲנִי רוֹאֶה ________.

הַ ________ הוּא חָבֵר טוֹב.

________ מַשֶּׁהוּ בַּחֲנוּת!

הַאִם ________ לִלְמֹד עִבְרִית?

עַל הַ ________ יֵשׁ שֶׁלֶט.

ד

אֱמֹר בְּעִבְרִית *Say it in Hebrew*

1 Who is going home?
2 How do you know?
3 Is it possible?
4 But this is not good!
5 I see what I see.
6 I see a sign on the house.
7 This is not my dog.
8 Buy what you want.

שִׁעוּר רְבִיעִי

Lesson Four

טוֹבִים הַשְּׁנַיִם מִן הָאֶחָד

אוּרִי הוֹלֵךְ אֶל הַגַּן. הוּא רוֹצֶה לְשַׂחֵק כַּדּוּר־רֶגֶל.
לְאוּרִי יֵשׁ כַּדּוּר וְהוּא אוֹהֵב לְשַׂחֵק בַּגַּן.
אוּרִי אוֹמֵר:
— אֲנִי רוֹצֶה לְשַׂחֵק. יֵשׁ לִי כַּדּוּר, אֲבָל אֵין לִי חָבֵר.
צָרִיךְ שְׁנֵי חֲבֵרִים לְשַׂחֵק כַּדּוּר־רֶגֶל.
מֹשֶׁה הוֹלֵךְ בָּרְחוֹב. גַּם הוּא אוֹהֵב לְשַׂחֵק בַּגַּן.
אוּרִי רוֹאֶה אֶת מֹשֶׁה וְאוֹמֵר:
— אַתָּה רוֹצֶה לְשַׂחֵק כַּדּוּר־רֶגֶל?
— כֵּן. אֲנִי רוֹצֶה לְשַׂחֵק — אוֹמֵר מֹשֶׁה — אֲבָל אֵין לִי כַּדּוּר.

‎– יֵשׁ לִי כַּדּוּר – אוֹמֵר אוּרִי – אֲבָל אֵין לִי חָבֵר.
‎צָרִיךְ שְׁנֵי חֲבֵרִים לְשַׂחֵק כַּדּוּר־רֶגֶל.
‎הַמּוֹרֶה שֶׁלִּי אוֹמֵר: ״טוֹבִים הַשְּׁנַיִם מִן הָאֶחָד.״
‎אוֹמֵר מֹשֶׁה:

‎– הַמּוֹרֶה שֶׁלְּךָ הוּא מוֹרֶה טוֹב. וְאַתָּה תַּלְמִיד טוֹב.
‎אַתָּה חָבֵר טוֹב בִּשְׁבִילִי.
‎אוֹמֵר אוּרִי:

‎– בּוֹא, חָבֵר. בּוֹא לְשַׂחֵק בַּגַּן!
‎אוּרִי וּמֹשֶׁה הוֹלְכִים אֶל הַגַּן לְשַׂחֵק כַּדּוּר־רֶגֶל.
‎הֵם שְׁנֵי חֲבֵרִים טוֹבִים!

דו־שִׂיחַ Dialogue

אוּרִי: אֲנִי רוֹצֶה לָלֶכֶת לַגַּן.
מֹשֶׁה: לָמָּה אַתָּה רוֹצֶה לָלֶכֶת לַגַּן?
אוּרִי: כִּי אֲנִי אוֹהֵב לְשַׂחֵק כַּדּוּר־רֶגֶל.
יֵשׁ לִי כַּדּוּר־רֶגֶל אֲבָל אֵין לִי חָבֵר.
מֹשֶׁה: גַּם אֲנִי אוֹהֵב לְשַׂחֵק כַּדּוּר־רֶגֶל.
אוּרִי: בּוֹא אֶל הַגַּן לְשַׂחֵק!
מֹשֶׁה: אֵין לִי כַּדּוּר־רֶגֶל.
אוּרִי: יֵשׁ לִי כַּדּוּר־רֶגֶל, אֲבָל אֵין לִי חָבֵר.
מֹשֶׁה: אֲנִי צָרִיךְ כַּדּוּר־רֶגֶל, וְאַתָּה צָרִיךְ חָבֵר.

אוּרִי: הַמּוֹרֶה שֶׁלִּי אוֹמֵר: "טוֹבִים הַשְּׁנַיִם מִן הָאֶחָד."
צָרִיךְ שְׁנֵי חֲבֵרִים לְשַׂחֵק כַּדּוּר־רֶגֶל.

מֹשֶׁה: הַמּוֹרֶה שֶׁלְּךָ מוֹרֶה טוֹב. וְאַתָּה תַּלְמִיד טוֹב.
אַתָּה חָבֵר טוֹב בִּשְׁבִילִי.

אוּרִי: וְאַתָּה חָבֵר טוֹב בִּשְׁבִילִי!
בּוֹא חָבֵר, בּוֹא לְשַׂחֵק בַּגַּן.

מֹשֶׁה: אַתָּה חָבֵר טוֹב בִּשְׁבִילִי, וַאֲנִי חָבֵר טוֹב בִּשְׁבִילְךָ.
אֲנַחְנוּ שְׁנֵי חֲבֵרִים טוֹבִים.

אוּרִי: הַמּוֹרֶה שֶׁלִּי אוֹמֵר: "טוֹבִים הַשְּׁנַיִם מִן הָאֶחָד."
וְהַיּוֹם גַּם אֲנִי אוֹמֵר: "טוֹבִים הַשְּׁנַיִם מִן הָאֶחָד."

דִּגְמֵי מִשְׁפָּט *Sentence Patterns*

א

הִנֵּה גַּן יָפֶה.
מִי הוֹלֵךְ אֶל הַגַּן?
אֲנַחְנוּ בָּאִים אֶל הַגַּן.
אֵיךְ הוֹלְכִים אֶל הַגַּן?

ב

אֲנִי צָרִיךְ לְשַׂחֵק כַּדּוּר־רֶגֶל.
הוּא אוֹהֵב לְשַׂחֵק כַּדּוּר־רֶגֶל.
מִי לֹא רוֹצֶה לְשַׂחֵק כַּדּוּר־רֶגֶל?
הוּא צָרִיךְ לִקְנוֹת כַּדּוּר־רֶגֶל.

ג

קְנֵה לִי כַּדּוּר.
מַה יָּפֶה הַכַּדּוּר!
הַכַּדּוּר בַּחֲנוּת.
הַאִם יֵשׁ לְךָ כַּדּוּר?

ד

לִי חָבֵר אֶחָד וּלְךָ שְׁנֵי חֲבֵרִים.
לְךָ חָבֵר אֶחָד וְלִי שְׁנֵי חֲבֵרִים.
לִי סֵפֶר אֶחָד. לְךָ אֵין סְפָרִים.
אַתָּה רוֹצֶה לִקְנוֹת סְפָרִים.

ה

טוֹב שְׁנֵי סְפָרִים מִסֵּפֶר אֶחָד.
טוֹב שְׁנֵי חֲבֵרִים מֵחָבֵר אֶחָד.
טוֹב שְׁנֵי כִּיסִים מִכִּיס אֶחָד.
טוֹב שְׁנֵי אוֹרְחִים מֵאוֹרֵחַ אֶחָד.

ו

אֶחָד וְאֶחָד הֵם שְׁנַיִם.
אֶחָד וְעוֹד אֶחָד הֵם שְׁנַיִם.
לְךָ חָבֵר אֶחָד וְלִי — שְׁנַיִם.
לְסַבָּא אָח אֶחָד, וּלְאַבָּא — שְׁנַיִם.

תַּרְגִּילֵי לָשׁוֹן *Language Drills*

א

Check (✓) the sentence which best describes the illustration.

(   ) מִי הוֹלֵךְ אֶל הַגַּן?

(   ) הִנֵּה גַּן יָפֶה.

(   ) הִנֵּה אוֹרֵחַ טוֹב.

(   ) הֵם הוֹלְכִים לְשַׂחֵק כַּדּוּר־רֶגֶל.

(   ) כַּדּוּר אֶחָד קָטָן וְכַדּוּר אֶחָד גָּדוֹל.

(   ) הוּא רוֹאֶה אֶת הַכַּדּוּר הַיָּפֶה.

(   ) טוֹבִים הַשְּׁנַיִם מִן הָאֶחָד.

(   ) אַתָּה רוֹאֶה חָבֵר אֶחָד.

(   ) הַאִם אֶפְשָׁר לִקְנוֹת סֵפֶר?

(   ) שְׁנֵי חֲבֵרִים הוֹלְכִים בַּגַּן.

(   ) אֶחָד וְעוֹד אֶחָד הֵם שְׁנַיִם.

(   ) שְׁנֵי אוֹרְחִים בָּאִים אֶל הַבַּיִת.

ב

You can find the translation of each of the following English words among the shaded bricks below. Write it in the white brick which has the same number.

1 garden
2 ball
3 to play
4 books
5 two
6 than, from
7 football
8 friends

גַּם		חֲבֵרִים		כַּדּוּר	1		שְׁמִי
אוֹרְחִים	2	3		שְׁנַיִם			
מִן	4	סְפָרִים	5	מִן			
כַּדּוּר־רֶגֶל		בְּרוּכִים			7		
גַּן	8	אֲנַחְנוּ		לְשַׂחֵק		גִּיר	

ג

Circle one of the two words to the left which best completes each sentence.

1 אוּרִי הוֹלֵךְ לְשַׂחֵק בַּ ______. (גַּן שֶׁלֶט)

2 גַּם מֹשֶׁה רוֹצֶה ______ בַּגַּן. (לִקְנוֹת לְשַׂחֵק)

3 כָּל אֶחָד רוֹצֶה לְשַׂחֵק ______. (כַּדּוּר־רֶגֶל כֶּלֶב)

4 לֹא צָרִיךְ ______ סְפָרִים. (אֶחָד שְׁנֵי)

5 טוֹבִים הַ ______ מִן הָאֶחָד. (שְׁנַיִם טוֹבִים)

6 טוֹבִים הַשְּׁנַיִם ______ הָאֶחָד. (גַּם מִן)

7 ______ טוֹבִים הוֹלְכִים לְשַׂחֵק. (חָבֵר חֲבֵרִים)

8 אוּרִי אוֹמֵר: צָרִיךְ שְׁנֵי ______. (חֲבֵרִים בְּרוּכִים)

36 שִׁעוּר רְבִיעִי

ד

מָה חָסֵר? What's Missing?

Draw a line from each word on the left to the sentence to which it belongs.

מֹשֶׁה הוֹלֵךְ לְשַׂחֵק בַּגַּן. גַּם ___ הוֹלֵךְ.	1	שְׁנֵי
הַכֶּלֶב אוֹהֵב לְשַׂחֵק בַּ ______.	2	אֶחָד
אֲנִי רוֹאֶה ______ כַּדּוּרִים עַל הַשֻּׁלְחָן.	3	כֶּלֶב
מֹשֶׁה אוֹמֵר: אֵין לִי ______.	4	לְשַׂחֵק
כָּל יֶלֶד אוֹהֵב ______ בַּגַּן.	5	מִן
טוֹבִים הַשְּׁנַיִם ___ הָאֶחָד.	6	גַּן
______ טוֹבִים הוֹלְכִים לְשַׂחֵק.	7	חֲבֵרִים
טוֹבִים הַשְּׁנַיִם מִן הָ ______.	8	כַּדּוּר־רֶגֶל

ה

אֱמֹר בְּעִבְרִית Say it in Hebrew

1 Here is a garden.
2 David, where is your football?
3 Do you want to play today?
4 They are good friends.
5 Two are better than one.
6 I do not have two balls.
7 You are not a good friend.
8 One and one (are) two.

שִׁעוּר חֲמִישִׁי

Ψ Ψ Ψ Ψ Ψ Ψ Ψ Ψ Ψ Ψ Ψ Ψ Ψ Ψ Ψ Ψ Ψ Ψ Ψ Ψ Ψ Ψ Ψ Ψ Ψ

Lesson Five

חָבֵר טוֹב

מֹשֶׁה הוֹלֵךְ אֶל הַגַּן לְשַׂחֵק כַּדּוּר־רֶגֶל. הוּא אוֹמֵר אֶל
הֶחָבֵר שֶׁלּוֹ, דָּוִד:
— בְּבַקָּשָׁה, בּוֹא גַם אַתָּה אֶל הַגַּן לְשַׂחֵק כַּדּוּר־רֶגֶל.
גַם דָּוִד אוֹהֵב לְשַׂחֵק כַּדּוּר־רֶגֶל אֲבָל הוּא צָרִיךְ לַעֲזֹר
בַּבַּיִת. הוּא עוֹזֵר לְאַבָּא וְהוּא עוֹזֵר גַם לְאִמָּא.
— הַיּוֹם אֲנִי עוֹשֶׂה מַה שֶׁאֲנִי צָרִיךְ לַעֲשׂוֹת בַּבַּיִת.

אֲבָל מֹשֶׁה אוֹמֵר:
– גַּם אֲנִי לֹא רוֹצֶה לְשַׂחֵק בַּגַּן הַיּוֹם. אֲנִי רוֹצֶה לַעֲזֹר לְךָ.
אוֹמֵר דָּוִד:
– לָמָּה אַתָּה אוֹמֵר זֶה? אֲנִי יוֹדֵעַ כִּי אַתָּה אוֹהֵב לְשַׂחֵק כַּדּוּר־רֶגֶל.
אוֹמֵר מֹשֶׁה:
– אֲנִי רוֹצֶה לַעֲזֹר לְךָ כִּי אֲנַחְנוּ שְׁנֵי חֲבֵרִים טוֹבִים. אֲנִי יוֹדֵעַ כִּי "טוֹבִים הַשְּׁנַיִם מִן הָאֶחָד". הַיּוֹם אֲנִי עוֹזֵר לְךָ, וּמָחָר אַתָּה עוֹזֵר לִי.
מֹשֶׁה לֹא הוֹלֵךְ אֶל הַגַּן וְעוֹזֵר לְדָוִד.

דוּ־שִׂיחַ Dialogue

מֹשֶׁה: שָׁלוֹם, דָּוִד. הַאִם אַתָּה רוֹצֶה לָלֶכֶת אֶל הַגַּן?

דָּוִד: מָה אַתָּה רוֹצֶה לַעֲשׂוֹת?

מֹשֶׁה: הַאִם אַתָּה לֹא רוֹאֶה? יֵשׁ לִי כַּדוּר, וַאֲנִי רוֹצֶה לְשַׂחֵק כַּדוּר־רֶגֶל. בּוֹא אֶל הַגַּן, בְּבַקָּשָׁה.

דָּוִד: אַתָּה יוֹדֵעַ כִּי גַּם אֲנִי אוֹהֵב לְשַׂחֵק כַּדוּר־רֶגֶל, אֲבָל הַיּוֹם אֲנִי צָרִיךְ לַעֲזֹר בַּבַּיִת.

מֹשֶׁה: אַתָּה עוֹזֵר בַּבַּיִת? מָה אַתָּה עוֹשֶׂה?

דָּוִד: אַתָּה רוֹאֶה מה שֶׁאֲנִי עוֹשֶׂה. אֲנִי עוֹשֶׂה מַה שֶּׁצָּרִיךְ לַעֲשׂוֹת.

מֹשֶׁה: גַּם אֲנִי עוֹזֵר בַּבַּיִת, אֲבָל הַיּוֹם...

דָּוִד: הַיּוֹם אַתָּה הוֹלֵךְ לְשַׂחֵק בַּגַּן, וַאֲנִי עוֹשֶׂה מַה שֶּׁאֲנִי צָרִיךְ לַעֲשׂוֹת בַּבַּיִת.

משֶׁה: אֲנִי לֹא רוֹצֶה לָלֶכֶת אֶל הַגַּן. אֲנִי לֹא רוֹצֶה לְשַׂחֵק הַיּוֹם.

דָּוִד: לָמָּה, משֶׁה? לָמָּה אַתָּה אוֹמֵר אֶת זֶה?

משֶׁה: כִּי אֲנַחְנוּ חֲבֵרִים. אֲנַחְנוּ חֲבֵרִים טוֹבִים. אֲנִי רוֹצֶה לַעֲזֹר לְךָ. כָּל אֶחָד צָרִיךְ לַעֲזֹר לְחָבֵר טוֹב.

דָּוִד: לֹא, משֶׁה. אַתָּה לֹא צָרִיךְ לַעֲזֹר לִי...

משֶׁה: כֵּן, אֲנִי צָרִיךְ. אֲנִי יוֹדֵעַ כִּי טוֹבִים הַשְּׁנַיִם מִן הָאֶחָד.

דָּוִד: אֲנִי רוֹאֶה כִּי אַתָּה חָבֵר טוֹב. תּוֹדָה לְךָ.

משֶׁה: הַיּוֹם אֲנִי עוֹזֵר לְךָ, וּמָחָר אַתָּה עוֹזֵר לִי.

דָּוִד: כִּי טוֹבִים הַשְּׁנַיִם מִן הָאֶחָד...

א

אֲנִי עוֹזֵר לְךָ.
אַתָּה עוֹזֵר לִי.
הוּא עוֹזֵר לְךָ.
מִי עוֹזֵר לְאַבָּא?
לָמָה אַתָּה עוֹזֵר?

ב

מִי רוֹצֶה לַעֲזוֹר?
לֹא צָרִיךְ לַעֲזוֹר.
הַאִם הוּא רוֹצֶה לַעֲזוֹר?
לָמָה צָרִיךְ לַעֲזוֹר?
הַאִם אֶפְשָׁר לַעֲזוֹר?

ג

מָה אַתָּה עוֹשֶׂה הַיּוֹם?
מִי עוֹשֶׂה זֹאת?
מַה הוּא עוֹשֶׂה בַּבַּיִת?
לָמָה אַתָּה עוֹשֶׂה זֹאת?
מָה עוֹשֶׂה הַתַּלְמִיד?

ד

מַה צָרִיךְ לַעֲשׂוֹת?
מִי יוֹדֵעַ מַה לַעֲשׂוֹת?
מָה אַתָּה רוֹצֶה לַעֲשׂוֹת בִּשְׁבִילִי?
בְּבַקָּשָׁה לַעֲשׂוֹת אֶת זֶה.
הַאִם אַתָּה אוֹהֵב לַעֲשׂוֹת
אֶת זֶה?

ה

כִּי אַתָּה יוֹדֵעַ.
כִּי הוּא דוֹד טוֹב.
כִּי אֲנַחְנוּ חֲבֵרִים.
כִּי הֵם בָּאִים הֵנָּה.
כִּי הוּא רוֹצֶה לַעֲזוֹר.

ו

אֲנִי רוֹצֶה לִכְתֹּב מָחָר.
מָחָר הוּא צָרִיךְ לָלֶכֶת.
הוּא רוֹצֶה לְשַׂחֵק מָחָר.
זֶה אֶפְשָׁר לַעֲשׂוֹת מָחָר.
מִי רוֹצֶה לָלֶכֶת מָחָר בַּבֹּקֶר?

א

Check (✓) the sentence which best describes the illustration.

( ) הוּא עוֹזֵר לְאִמָּא.
( ) מָה עוֹשֶׂה הַיֶּלֶד?
( ) הוּא רוֹצֶה לַעֲזֹר לְאַבָּא.

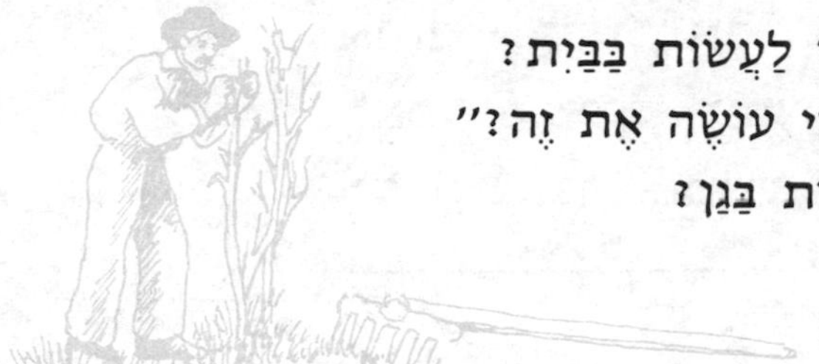

( ) אִמָּא, מַה צָּרִיךְ לַעֲשׂוֹת בַּבַּיִת?
( ) הוּא אוֹמֵר: "מִי עוֹשֶׂה אֶת זֶה?"
( ) מַה צָּרִיךְ לַעֲשׂוֹת בַּגַּן?

( ) מַדּוּעַ הִיא לֹא רוֹצָה לַעֲזֹר?
( ) מַדּוּעַ אַתָּה לֹא עוֹזֵר לִי?
( ) הוּא עוֹזֵר, כִּי הוּא חָבֵר טוֹב.

( ) לָמָּה אַתָּה עוֹזֵר לְאִמָּא?
( ) הַאִם אוֹרְחִים בָּאִים מָחָר?
( ) הוּא הוֹלֵךְ הַיּוֹם וְלֹא מָחָר!

To solve this crossword puzzle, find the words in the Hebrew list which mean the same as the following English words.

Across		Down	
1	but	4	(he) is doing
2	because, that	7	to do
3	to help	8	tomorrow
4	(he) helps	9	but
5	today		
6	Ruth		

אוֹהֵב · כִּי · עוֹזֵר · אֵיךְ · נָעִים · לִקְרֹא · לַעֲזֹר ·
לֶאֱכֹל · קָטָן · עוֹשֶׂה · הַיּוֹם · רוּת · אֲבָל · לַעֲשׂוֹת ·
כָּל · שׁוֹתֶה · מָחָר

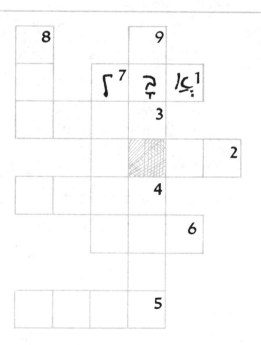

ג

מַה חָסֵר? What's Missing?

Draw a line from each word on the left to the sentence where it belongs.

הוּא עוֹשֶׂה כִּי הוּא צָרִיךְ ______.	1	לִלְמֹד
אֲנִי עוֹזֵר כִּי אֲנִי צָרִיךְ ______.	2	לַעֲשׂוֹת
אֲנִי אוֹכֵל כִּי אֲנִי צָרִיךְ ______.	3	לָלֶכֶת
אַתָּה הוֹלֵךְ כִּי אַתָּה צָרִיךְ ______.	4	לֶאֱכֹל
הוּא לוֹמֵד כִּי הוּא צָרִיךְ ______.	5	לַעֲזֹר

ד

Check ( ) the sentence which best completes the thought.

חָבֵר טוֹב עוֹזֵר כִּי...

( ) הוּא רוֹצֶה לַעֲזֹר. ( ) הוּא צָרִיךְ לַעֲזֹר.

תַּלְמִיד טוֹב אוֹמֵר:

( ) מַה שֶׁצָּרִיךְ לַעֲשׂוֹת מָחָר אֲנִי רוֹצֶה לַעֲשׂוֹת הַיּוֹם.

( ) מַה שֶׁצָּרִיךְ לַעֲשׂוֹת הַיּוֹם אֲנִי רוֹצֶה לַעֲשׂוֹת מָחָר.

ה

אֱמֹר בְּעִבְרִית Say it in Hebrew

1 I want to help you.
2 I am helping you today.
3 I do what I have to (must) do.
4 I like David because he is a good friend.
5 I do today what I have to do tomorrow.
6 Is it possible to help you?

שִׁעוּר שִׁשִּׁי

Lesson Six

צְדָקָה

אַבְרָם בָּרְחוֹב. הוּא מוֹכֵר עִתּוֹנִים.

גַּם דָּוִד וְאוֹרָה בָּאִים אֶל הָרְחוֹב. דָּוִד רוֹאֶה אֶת אַבְרָם וְאוֹמֵר:

– לָמָה אַתָּה צָרִיךְ לִמְכֹּר עִתּוֹנִים?

אַבְרָם אוֹמֵר לְדָוִד וְגַם לְאוֹרָה:

– אֲנִי מוֹכֵר עִתּוֹנִים כִּי אֵין לִי כֶּסֶף, וַאֲנִי רוֹצֶה לָתֵת צְדָקָה.

אוֹמֶרֶת אוֹרָה:
– הַאִם אַבָּא שֶׁלְּךָ לֹא נוֹתֵן לְךָ כֶּסֶף?
אַבְרָם אוֹמֵר:
– כָּל אֶחָד נוֹתֵן לִי כֶּסֶף. אֲבָל אֲנִי לֹא רוֹצֶה לָתֵת צְדָקָה בַּכֶּסֶף שֶׁל אַבָּא, וְשֶׁל הַדּוֹד, וְשֶׁל סַבָּא.
אוֹרָה אוֹמֶרֶת אֶל דָּוִד:
– מַה יָּפֶה! בִּשְׁבִיל צְדָקָה אַבְרָם מוֹכֵר עִתּוֹנִים!
דָּוִד אוֹמֵר לְאַבְרָם כִּי הוּא עוֹשֶׂה דָּבָר טוֹב וְיָפֶה, וְאוֹרָה אוֹמֶרֶת כִּי אַבְרָם עוֹשֶׂה מַה שֶּׁכָּל אֶחָד צָרִיךְ לַעֲשׂוֹת.

שִׂיחָה Conversation

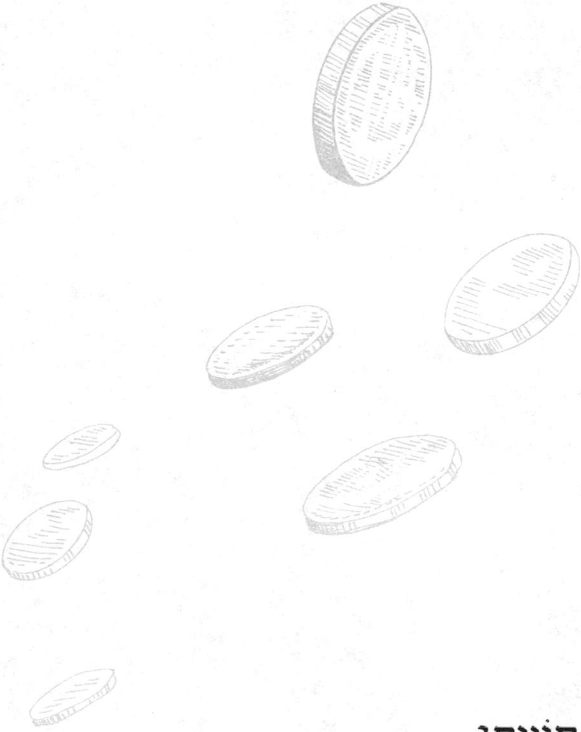

אַבְרָם: עִתּוֹנִים! עִתּוֹנִים!

דָּוִד: מָה אַתָּה עוֹשֶׂה בָּעִתּוֹנִים?

אַבְרָם: הַאִם אַתָּה לֹא רוֹאֶה מָה שֶׁאֲנִי עוֹשֶׂה?

אוֹרָה: אַבְרָם מוֹכֵר עִתּוֹנִים הַיּוֹם.

דָּוִד: אַבְרָם, לָמָּה אַתָּה צָרִיךְ לַעֲשׂוֹת זֹאת?

אַבְרָם: לַעֲשׂוֹת מָה?

דָּוִד: לָמָּה אַתָּה מוֹכֵר עִתּוֹנִים?

אַבְרָם: כִּי אֵין לִי כֶּסֶף.

דָּוִד: הַאִם אַבָּא שֶׁלְּךָ לֹא נוֹתֵן לְךָ כֶּסֶף?

אַבְרָם: אַבָּא שֶׁלִּי נוֹתֵן לִי כֶּסֶף, הַדּוֹד שֶׁלִּי נוֹתֵן לִי כֶּסֶף, וְגַם סַבָּא נוֹתֵן לִי כֶּסֶף.

48 שִׁעוּר שִׁשִּׁי

אוֹרָה: וְלָמָה אַתָּה אוֹמֵר שֶׁאֵין לְךָ כֶּסֶף?

אַבְרָם: אֲנִי רוֹצֶה לָתֵת צְדָקָה.

דָוִד: גַּם אֲנִי נוֹתֵן צְדָקָה. אֲבָל אֲנִי נוֹתֵן אֶת הַכֶּסֶף שֶׁל אַבָּא וְאִמָּא שֶׁלִּי.

אַבְרָם: אֶפְשָׁר לָתֵת צְדָקָה בְּכֶסֶף שֶׁל אַבָּא וְאִמָּא, אֲבָל...

אוֹרָה: אֲבָל אַתָּה רוֹצֶה לָתֵת צְדָקָה בְּכֶסֶף שֶׁלְּךָ.

אַבְרָם: כֵּן, וּבִשְׁבִיל זֶה אֲנִי מוֹכֵר עִתּוֹנִים.

דָוִד: אַבְרָם, אַתָּה עוֹשֶׂה דָבָר טוֹב. אַתָּה עוֹשֶׂה מַה שֶּׁכָּל אֶחָד צָרִיךְ לַעֲשׂוֹת.

א

הוּא מוֹכֵר עִתּוֹנִים.
הִיא יוֹדַעַת לִקְרֹא עִתּוֹנִים.
מִי נוֹתֵן לְךָ עִתּוֹנִים?
יֵשׁ לִי עִתּוֹנִים.
הַאִם הָעִתּוֹנִים בִּשְׁבִילִי?

ב

יֵשׁ לִי כֶּסֶף בַּכִּיס.
הוּא רוֹאֶה אֶת הַכֶּסֶף שֶׁלִּי.
לָמָּה אַתָּה נוֹתֵן לִי כֶּסֶף?
הִנֵּה כֶּסֶף. קְנֵה לְךָ סֵפֶר.
אֱמֹר לִי: אֵיפֹה הַכֶּסֶף?

ג

מַה הוּא נוֹתֵן לְךָ?
מִי נוֹתֵן לְךָ מַתָּנָה?
הוּא נוֹתֵן לִי עִתּוֹן.
הוּא לֹא נוֹתֵן לִי דָּבָר.
הָאוֹרֵחַ נוֹתֵן לִי מַתָּנָה.

ד

לָמָּה אַתָּה מוֹכֵר עִתּוֹנִים?
הוּא מוֹכֵר כָּל דָּבָר.
מַה הוּא מוֹכֵר בַּחֲנוּת?
הַאִם אַתָּה מוֹכֵר אֶת הַכַּדּוּר?
אֲנִי אוֹמֵר "קְנֵה" וְהוּא מוֹכֵר.

ה

זֶה דָּבָר יָפֶה וְטוֹב.
הוּא לֹא נוֹתֵן דָּבָר.
אַתְּ לֹא אוֹמֶרֶת דָּבָר.
קְנֵה אֶת הַדָּבָר הַזֶּה!
לִי אֵין דָּבָר!

ו

מַה רוֹצֶה לָתֵת לִי?
אַתָּה לֹא צָרִיךְ לָתֵת לִי דָּבָר.
הַדּוֹדָה רוֹצָה לָתֵת לִי כֶּסֶף.
כָּל אֶחָד צָרִיךְ לָתֵת צְדָקָה.
אֲנִי צָרִיךְ לָתֵת מַתָּנָה.

א

Check (√) the sentence which best describes the illustration.

( ) הוּא רוֹצֶה לָתֵת מַתָּנָה.

( ) הוּא נוֹתֵן לִי כֶּסֶף.

( ) אֲנִי נוֹתֵן לְךָ דָּבָר יָפֶה.

( ) אֵיזֶה דָּבָר יֵשׁ לַיֶּלֶד?

( ) הִיא אוֹהֶבֶת לִקְרֹא עִתּוֹנִים.

( ) הִיא אוֹהֶבֶת לָתֵת צְדָקָה.

( ) אֲנִי מוֹכֵר עִתּוֹנִים.

( ) אֲנִי לֹא צָרִיךְ לִקְרֹא עִתּוֹנִים.

( ) יֵשׁ לִי שְׁנֵי עִתּוֹנִים.

( ) הַאִם צָרִיךְ לָתֵת לְךָ כֶּסֶף?

( ) אֲנִי רוֹאֶה כֶּסֶף עַל הַשֻּׁלְחָן.

( ) הוּא רוֹאֶה אֵיזֶה דָּבָר גָּדוֹל.

ב

Use this table of the numerical values of the Hebrew letters to write the Hebrew translation of the English words in the right-hand column below.

100 = ק	10 = י	1 = א
200 = ר	20 = ךְ כ כּ	2 = ב בּ
300 = שׂ שׁ	30 = ל	3 = ג
400 = ת תּ	40 = ם מ	4 = ד
	50 = ן נ	5 = ה
	60 = ס	6 = ו
	70 = ע	7 = ז
	80 = ף פ פּ	8 = ח
	90 = ץ צ	9 = ט

(The vowels appearing underneath and next to the numerals go with the corresponding Hebrew letters.)

__________ (40 10 50 6 400 70) newspapers

__________ (200 20 6 40) sells

__________ (50 400 6 50) gives

__________ (80 60 20) money

__________ (5 100 4 90) charity

__________ (400 400 30) to give

דָּבָר (200 2 4) a thing

__________ (5 40 30) what for?

שִׁעוּר שִׁשִּׁי

ג

מַה חָסֵר? *What's Missing?*

Draw a line from each word on the left to the sentence where it belongs.

דָּוִד אוֹמֵר לְאַבְרָם שֶׁהוּא עוֹשֶׂה______טוֹב.	1	לַעֲשׂוֹת
לְאַבְרָם יֵשׁ כֶּסֶף אֲבָל הוּא ______ עִתּוֹנִים.	2	דָּבָר
אַבְרָם רוֹצֶה ______ דָּבָר טוֹב.	3	צְדָקָה
אַבְרָם רוֹצֶה ______ כֶּסֶף בִּשְׁבִיל דָּבָר טוֹב.	4	נוֹתֵן
אַבְרָם נוֹתֵן כֶּסֶף בִּשְׁבִיל ______.	5	מוֹכֵר
גַּם דָּוִד ______ צְדָקָה.	6	אַתָּה
אַבְרָם מוֹכֵר ______ בָּרְחוֹב.	7	לָתֵת
הַאִם גַּם ______ מוֹכֵר עִתּוֹנִים?	8	עִתּוֹנִים

ד

אֱמֹר בְּעִבְרִית *Say it in Hebrew*

1 Why does he sell newspapers?
2 Do you have money?
3 Who gives money to (for) charity?
4 Who has to (must) give money?
5 He does a good thing.
6 (It is) good to give!
7 Where are the newspapers?
8 Every student gives (to) charity.

שִׁעוּר שְׁבִיעִי

Ψ Ψ Ψ Ψ Ψ Ψ Ψ Ψ Ψ Ψ Ψ Ψ Ψ Ψ Ψ Ψ Ψ Ψ Ψ Ψ Ψ Ψ Ψ

Lesson Seven

אִם אֵין אֲנִי לִי – מִי לִי?

דָּוִד הוֹלֵךְ אֶל הָרְחוֹב. דָּוִד אוֹמֵר אֶל יוֹסֵף כִּי הוּא רוֹצֶה
לַעֲשׂוֹת דָּבָר טוֹב.
דָּוִד רוֹצֶה לַעֲשׂוֹת מַה שֶׁאַבְרָם עוֹשֶׂה.
הוּא אוֹמֵר אֶל יוֹסֵף שֶׁאַבְרָם מוֹכֵר עִתּוֹנִים בָּרְחוֹב. הוּא
מוֹכֵר עִתּוֹנִים וְנוֹתֵן צְדָקָה בַּכֶּסֶף שֶׁיֵּשׁ לוֹ.
גַּם דָּוִד רוֹצֶה לִמְכֹּר עִתּוֹנִים, וְהוּא אוֹמֵר אֶל יוֹסֵף:
– בּוֹא גַּם אַתָּה לִמְכֹּר עִתּוֹנִים בִּשְׁבִיל צְדָקָה.

54

יוֹסֵף אוֹמֵר שֶׁהַיּוֹם הוּא צָרִיךְ לִכְתֹּב חִבּוּר. שֵׁם הַחִבּוּר
הוּא: "אִם אֵין אֲנִי לִי, מִי לִי".
דָּוִד יוֹדֵעַ לִכְתֹּב יָפֶה. דָּוִד רוֹצֶה לַעֲזֹר לְיוֹסֵף.
אֲבָל יוֹסֵף אוֹמֵר:

– אֲנִי צָרִיךְ לִכְתֹּב אֶת הַחִבּוּר בְּעַצְמִי. לֹא טוֹב בִּשְׁבִילִי
שֶׁאַתָּה עוֹזֵר לִי.

– מַדּוּעַ – אוֹמֵר דָּוִד – מַדּוּעַ אִי־אֶפְשָׁר לַעֲזֹר לְךָ?

– כִּי – אוֹמֵר יוֹסֵף – אִם אֵין אֲנִי לִי, מִי לִי?

דו־שִׂיחַ *Dialogue*

דָּוִד: יוֹסֵף, בּוֹא גַּם אַתָּה אֶל הָרְחוֹב.

יוֹסֵף: לָמָה אַתָּה רוֹצֶה לָלֶכֶת אֶל הָרְחוֹב?

דָּוִד: אֲנִי רוֹצֶה לַעֲשׂוֹת דָּבָר טוֹב. אֲנִי רוֹצֶה לַעֲשׂוֹת מַה שֶּׁאַבְרָם עוֹשֶׂה.

יוֹסֵף: אֵיזֶה דָּבָר טוֹב עוֹשֶׂה אַבְרָם בָּרְחוֹב?

דָּוִד: הוּא מוֹכֵר עִתּוֹנִים.

יוֹסֵף: מִי אוֹמֵר כִּי זֶה דָּבָר טוֹב?

דָּוִד: זֶה דָּבָר טוֹב כִּי הוּא נוֹתֵן אֶת הַכֶּסֶף לִצְדָקָה.

יוֹסֵף: לִצְדָקָה? כֵּן... זֶה דָּבָר טוֹב!

דָּוִד: הַאִם גַּם אַתָּה רוֹצֶה לִמְכֹּר עִתּוֹנִים בִּשְׁבִיל צְדָקָה?

יוֹסֵף: כֵּן, אֲנִי רוֹצֶה, אֲבָל הַיּוֹם אֲנִי צָרִיךְ לִכְתֹּב חִבּוּר.

דָוִד: מָתַי אַתָּה צָרִיךְ לָתֵת אֶת הַחִבּוּר שֶׁלְּךָ לַמּוֹרֶה?

יוֹסֵף: מָחָר. וַאֲנִי צָרִיךְ לִכְתֹּב אֶת הַחִבּוּר הַיּוֹם.

דָוִד: מַה שֵּׁם הַחִבּוּר?

יוֹסֵף: שֵׁם הַחִבּוּר הוּא: "אִם אֵין אֲנִי לִי, מִי לִי".

דָוִד: זֶה שֵׁם יָפֶה.

יוֹסֵף: אֲבָל אֲנִי עוֹד לֹא יוֹדֵעַ מַה לִּכְתֹּב.

דָוִד: אֲנִי יוֹדֵעַ. אֲנִי רוֹצֶה לַעֲזֹר לְךָ.

יוֹסֵף: לֹא. תּוֹדָה. אֲנִי צָרִיךְ לִכְתֹּב אֶת הַחִבּוּר בְּעַצְמִי.

דָוִד: הַאִם אִי־אֶפְשָׁר לַעֲזֹר לְךָ?

יוֹסֵף: לֹא, אִי־אֶפְשָׁר לַעֲשׂוֹת דָּבָר זֶה.

דָוִד: מַדּוּעַ?

יוֹסֵף: כִּי... אִם אֵין אֲנִי לִי, מִי לִי?

א

אֵין לוֹ דָבָר לִמְכֹּר.
מַה שֶּׁיֵּשׁ לוֹ, יֵשׁ גַּם לִי.
אֲנִי נוֹתֵן לוֹ כֶּסֶף.
צָרִיךְ לָתֵת לוֹ מַתָּנָה.
אֲנִי רוֹצֶה לַעֲזֹר לוֹ.

ב

מָתַי אַתָּה רוֹצֶה לְשַׂחֵק?
מָתַי צָרִיךְ לָתֵת צְדָקָה?
הוּא לֹא יוֹדֵעַ מָתַי לָלֶכֶת.
מָתַי אוֹכֵל כָּל אֶחָד?
הוּא לֹא יוֹדֵעַ מָתַי הֵם בָּאִים.

ג

לֹא צָרִיךְ לִמְכֹּר דָּבָר.
מִי רוֹצֶה לִמְכֹּר עִתּוֹנִים?
הַאִם יֵשׁ לְךָ דָבָר לִמְכֹּר?
צָרִיךְ לִקְנוֹת וְלֹא לִמְכֹּר.
הַאִם אֶפְשָׁר לִמְכֹּר אֶת זֶה?

ד

מַדּוּעַ אַתָּה לֹא הוֹלֵךְ?
מַדּוּעַ הוּא מוֹכֵר אֶת הַכַּדּוּר?
מַדּוּעַ אַתָּה עוֹשֶׂה דָבָר זֶה?
מַדּוּעַ אַתָּה רוֹצֶה לִמְכֹּר?
מַדּוּעַ הוּא לֹא שׁוֹתֶה חָלָב?

ה

אִם אַתָּה הוֹלֵךְ גַּם אֲנִי הוֹלֵךְ. אֲנִי יוֹדֵעַ כִּי צָרִיךְ לָלֶכֶת.
אִם הוּא הוֹלֵךְ גַּם אֲנִי הוֹלֶכֶת. אִם אֵין אֲנִי לִי מִי לִי?

ו

אֲנִי הוֹלֶכֶת בְּעַצְמִי. אֲנִי עוֹשֶׂה כָּל דָבָר בְּעַצְמִי.
אֲנִי רוֹצָה לִכְתֹּב בְּעַצְמִי. אֲנִי יוֹדֵעַ לִקְרֹא בְּעַצְמִי.

א

Check (V) the sentence which best describes the illustration.

( ) אֵיךְ אֶפְשָׁר לִמְכֹּר כִּיס?

( ) הוּא רוֹצֶה לִמְכֹּר לִי כֶּלֶב.

( ) אֲנִי רוֹצֶה לִמְכֹּר לוֹ כַּדּוּר.

( ) מָתַי אֶפְשָׁר לָתֵת לְךָ מַתָּנָה?

( ) מָתַי בָּאִים הָאוֹרְחִים?

( ) הוּא לֹא יוֹדֵעַ מָתַי הֵם בָּאִים.

( ) אֲנִי כּוֹתֵב אֶת הַחִבּוּר בְּעַצְמִי.

( ) אֲנִי רוֹצֶה לֶאֱכֹל בְּעַצְמִי.

( ) אֲנִי צָרִיךְ לַעֲזֹר לוֹ בְּעַצְמִי.

( ) מַדּוּעַ אַתָּה מוֹכֵר עִתּוֹנִים?

( ) מַדּוּעַ נוֹתֵן הָאוֹרֵחַ מַתָּנָה?

( ) מַדּוּעַ אֵין לְךָ כַּדּוּר־רֶגֶל?

ב

In the frame find the proper ending and complete the Hebrew word which translates the English word(s).

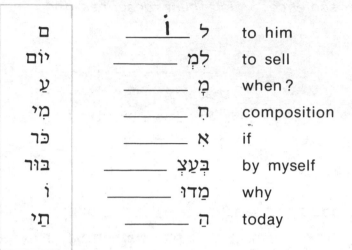

Frame	Hebrew	English
ם	ל ___וֹ___	to him
יוֹם	לִמְ ______	to sell
עַ	מָ ______	when?
מִי	חִ ______	composition
כֹּר	אִ ______	if
בּוּר	בְּעַצְ ______	by myself
וֹ	מַדּוּ ______	why
תַי	הַ ______	today

ג

מַה חָסֵר? What's Missing?

Choose one of the following words to complete each sentence.

לוֹ בְּעַצְמִי מָתַי לִמְכֹּר מַדּוּעַ עִתּוֹנִים אִם חִבּוּר

אֶחָד רוֹצֶה לִקְנוֹת וְאֶחָד רוֹצֶה ___________.

אֲנִי רוֹצֶה לִמְכֹּר ______ אֵיזֶה דָבָר.

מָתַי אַתָּה רוֹצֶה לִמְכֹּר ___________?

אַבְרָם רוֹצֶה לִכְתֹּב ___________ יָפֶה.

______ אֵין אֲנִי לִי, מִי לִי?

אֲנִי רוֹצֶה לִכְתֹּב אֶת הַחִבּוּר ___________.

___________ אַתָּה לֹא רוֹצֶה לַעֲזֹר לִי?

______ הֵם בָּאִים, אִם הֵם לֹא בָּאִים בַּבֹּקֶר?

ד

Read each sentence, then circle כֵּן *or* לֹא.

1 דָוִד כּוֹתֵב אֶת הַחִבּוּר בִּשְׁבִיל יוֹסֵף. כֵּן לֹא

2 דָוִד לֹא כּוֹתֵב חִבּוּר כִּי הוּא לֹא יוֹדֵעַ לִכְתֹּב. כֵּן לֹא

3 אֲנִי רוֹצֶה לִמְכֹּר עִתּוֹנִים כִּי אֵין לִי כֶּסֶף. כֵּן לֹא

4 דָוִד אוֹמֵר: אֲנִי צָרִיךְ לִכְתֹּב אֶת הַחִבּוּר בְּעַצְמִי. כֵּן לֹא

5 יוֹסֵף עוֹשֶׂה מַה שֶּׁלֹּא צָרִיךְ לַעֲשׂוֹת. כֵּן לֹא

6 יוֹסֵף יוֹדֵעַ מָתַי הוּא צָרִיךְ לָתֵת אֶת הַחִבּוּר לַמּוֹרֶה. כֵּן לֹא

7 אִם אַתָּה עוֹשֶׂה דָּבָר לֹא טוֹב גַּם אֲנִי צָרִיךְ לַעֲשׂוֹת דָּבָר לֹא טוֹב. כֵּן לֹא

8 מִי שֶׁרוֹצֶה לִמְכֹּר צָרִיךְ גַּם לִקְנוֹת. כֵּן לֹא

ה

אֱמֹר בְּעִבְרִית *Say it in Hebrew*

1 I sell him newspapers.
2 What do you want to sell?
3 When do you have to do this?
4 I like his composition.
5 I sell if you sell.
6 I do everything by myself.
7 Why don't you want to read this book?
8 I do this for my friend.

שִׁעוּר שְׁמִינִי

Lesson Eight

בִּשְׁבִיל ״קֶרֶן־עַמִּי״

לְאַבְרָם יֵשׁ חָבֵר. הַשֵּׁם שֶׁל הֶחָבֵר שֶׁלּוֹ, זְאֵב.
לִזְאֵב יֵשׁ כַּדּוּר־רֶגֶל יָפֶה וָטוֹב.
זְאֵב אוֹהֵב לְשַׂחֵק כַּדּוּר־רֶגֶל. אֲבָל הוּא צָרִיךְ לִמְכֹּר אֶת הַכַּדּוּר, כִּי אֵין לוֹ כֶּסֶף.
כָּל אֶחָד בַּכִּתָּה נוֹתֵן כֶּסֶף בִּשְׁבִיל ״קֶרֶן־עַמִּי״ וְגַם זְאֵב רוֹצֶה לָתֵת כֶּסֶף.
הוּא מוֹכֵר עִתּוֹנִים וְיֵשׁ לוֹ כֶּסֶף,

אֲבָל אַבָּא שֶׁל זְאֵב חוֹלֶה. הוּא לֹא עוֹבֵד.

אֶת כָּל הַכֶּסֶף שֶׁיֵּשׁ לוֹ, נוֹתֵן זְאֵב לְאַבָּא שֶׁלּוֹ,

וְאֵין לוֹ כֶּסֶף בִּשְׁבִיל "קֶרֶן-עַמִּי".

זְאֵב רוֹצֶה לִמְכֹּר אֶת הַכַּדּוּר שֶׁלּוֹ לְאַבְרָם.

אַבְרָם יוֹדֵעַ מַדּוּעַ רוֹצֶה זְאֵב לִמְכֹּר אֶת הַכַּדּוּר,

וְהוּא אוֹמֵר:

— אֲנִי רוֹצֶה לָתֵת לְךָ כֶּסֶף. הִנֵּה שְׁנֵי דוֹלָרִים.

זֶה בִּשְׁבִיל "קֶרֶן-עַמִּי".

זְאֵב אוֹמֵר שֶׁהוּא לֹא רוֹצֶה אֶת הַכֶּסֶף שֶׁל אַבְרָם.

אֲבָל אַבְרָם אוֹמֵר:

— שֶׁלִּי — שֶׁלְּךָ... הַיּוֹם אֲנִי עוֹזֵר לְךָ, וּמָחָר אַתָּה עוֹזֵר לִי.

זְאֵב: אַבְרָם, בְּבַקָּשָׁה, קְנֵה אֶת הַכַּדּוּר שֶׁלִּי. זֶה כַּדּוּר־רֶגֶל טוֹב
וְיָפֶה.

אַבְרָם: יֵשׁ לִי כַּדּוּר־רֶגֶל. אֲבָל מַדּוּעַ אַתָּה רוֹצֶה לִמְכֹּר
אֶת הַכַּדּוּר שֶׁלְּךָ?

זְאֵב: אֲנִי צָרִיךְ לִמְכֹּר!

אַבְרָם: אֲנִי יוֹדֵעַ שֶׁאַתָּה אוֹהֵב לְשַׂחֵק כַּדּוּר־רֶגֶל.

זְאֵב: כֵּן. אֲבָל אֲנִי רוֹצֶה לִמְכֹּר אֶת הַכַּדּוּר...

אַבְרָם: מַדּוּעַ?

זְאֵב: כִּי אֵין לִי כֶּסֶף בִּשְׁבִיל "קֶרֶן־עַמִּי".

אַבְרָם: אֲנִי יוֹדֵעַ שֶׁאַתָּה מוֹכֵר עִתּוֹנִים, וְיֵשׁ לְךָ כֶּסֶף.

זְאֵב: אֲבָל אֲנִי עוֹזֵר לְאַבָּא שֶׁלִּי. אֲנִי נוֹתֵן לוֹ אֶת הַכֶּסֶף שֶׁלִּי.

אַבְרָם: מַדּוּעַ אַתָּה צָרִיךְ לַעֲזֹר לְאַבָּא שֶׁלְּךָ?

זְאֵב: אַבָּא שֶׁלִּי חוֹלֶה. הוּא לֹא עוֹבֵד.

אַבְרָם: וְאַתָּה רוֹצֶה לָתֵת צְדָקָה? גַּם אַתָּה רוֹצֶה לָתֵת כֶּסֶף בִּשְׁבִיל ''קֶרֶן־עַמִּי''?

זְאֵב: כֵּן. וְאֵין לִי כֶּסֶף. אֲנִי צָרִיךְ לִמְכֹּר אֶת הַכַּדּוּר שֶׁלִּי.

אַבְרָם: אַתָּה לֹא צָרִיךְ לִמְכֹּר אֶת הַכַּדּוּר שֶׁלְּךָ.

זְאֵב: אֲבָל גַּם אֲנִי רוֹצֶה לָתֵת כֶּסֶף לְ''קֶרֶן־עַמִּי''. כָּל אֶחָד נוֹתֵן.

אַבְרָם: זְאֵב, אֲנַחְנוּ חֲבֵרִים. לִי יֵשׁ כֶּסֶף. הִנֵּה שְׁנֵי דוֹלָרִים. אֲנִי נוֹתֵן לְךָ אֶת הַכֶּסֶף.

זְאֵב: אֲבָל זֶה הַכֶּסֶף שֶׁלְּךָ וְלֹא שֶׁלִּי.

אַבְרָם: שֶׁלִּי – שֶׁלְּךָ. הַיּוֹם אֲנִי עוֹזֵר לְךָ, וּמָחָר אַתָּה עוֹזֵר לִי.

זְאֵב: תּוֹדָה, אַבְרָם. אַתָּה חָבֵר טוֹב.

אַבְרָם: בּוֹא אֶל הַגַּן לְשַׂחֵק כַּדּוּר רֶגֶל. בַּכַּדּוּר שֶׁלְּךָ!

ב	א
הַאִם אַתָּה חוֹלֶה?	כָּל אֶחָד עוֹבֵד.
אַבָּא שֶׁל זְאֵב חוֹלֶה.	הוּא עוֹבֵד בַּחֲנוּת.
אֲנִי עוֹזֵר לוֹ כִּי הוּא חוֹלֶה.	הַמּוֹרֶה עוֹבֵד בַּכִּתָּה.
אֲנִי חוֹלֶה הַיּוֹם.	מַדּוּעַ אַתָּה לֹא עוֹבֵד?
הוּא לֹא עוֹבֵד כִּי הוּא חוֹלֶה.	מָתַי הוּא עוֹבֵד?

ג

הוּא נוֹתֵן לִי שְׁנֵי דוֹלָרִים.
הוּא נוֹתֵן שְׁנֵי דוֹלָרִים לְ"קֶרֶן־עַמִּי".
הִנֵּה שְׁנֵי דוֹלָרִים בִּשְׁבִילְךָ.
הַאִם יֵשׁ לְךָ שְׁנֵי דוֹלָרִים בִּשְׁבִילִי?
אֵין לִי שְׁנֵי דוֹלָרִים.

ד

הַאִם זֶה הַכֶּסֶף שֶׁלּוֹ? זֶה לֹא הַכֶּסֶף שֶׁלּוֹ.
הִנֵּה הַמּוֹרֶה שֶׁלּוֹ. הַדּוֹד שֶׁלּוֹ אוֹרֵחַ.

ה

אֵין לִי כֶּסֶף בִּשְׁבִיל "קֶרֶן־עַמִּי".
אֲנִי אוֹהֵב לָתֵת כֶּסֶף בִּשְׁבִיל "קֶרֶן־עַמִּי".
כָּל אֶחָד בַּכִּתָּה נוֹתֵן כֶּסֶף בִּשְׁבִיל "קֶרֶן־עַמִּי".
מַדּוּעַ אַתָּה לֹא נוֹתֵן דָּבָר בִּשְׁבִיל "קֶרֶן־עַמִּי"?
צָרִיךְ לָתֵת מַשֶּׁהוּ בִּשְׁבִיל "קֶרֶן־עַמִּי".

א

Check (✓) the sentence which best describes the illustration.

(   ) אֲנִי עוֹבֵד בָּרְחוֹב.
(   ) הוּא עוֹבֵד בַּחֲנוּת.
(   ) מַדּוּעַ אַתָּה לֹא עוֹבֵד הַיּוֹם?

(   ) הַכֶּלֶב חוֹלֶה וְלֹא רוֹצֶה לְשַׂחֵק.
(   ) הַדּוֹד שֶׁלִּי לֹא חוֹלֶה. הוּא עוֹבֵד.
(   ) אַבָּא שֶׁלִּי בַּבַּיִת. הוּא חוֹלֶה.

(   ) הוּא נוֹתֵן שְׁנֵי דוֹלָרִים לְ"קֶרֶן־עַמִּי".
(   ) הִיא רוֹצָה לָתֵת צְדָקָה.
(   ) הוּא נוֹתֵן שְׁנֵי כַּדּוּרִים לְחָבֵר.

(   ) אֲנִי לֹא רוֹאֶה שְׁנֵי דוֹלָרִים.
(   ) הַאִם אֶפְשָׁר לִקְנוֹת חֲנוּת בִּשְׁנֵי דוֹלָרִים?
(   ) הִנֵּה שְׁנֵי דוֹלָרִים.

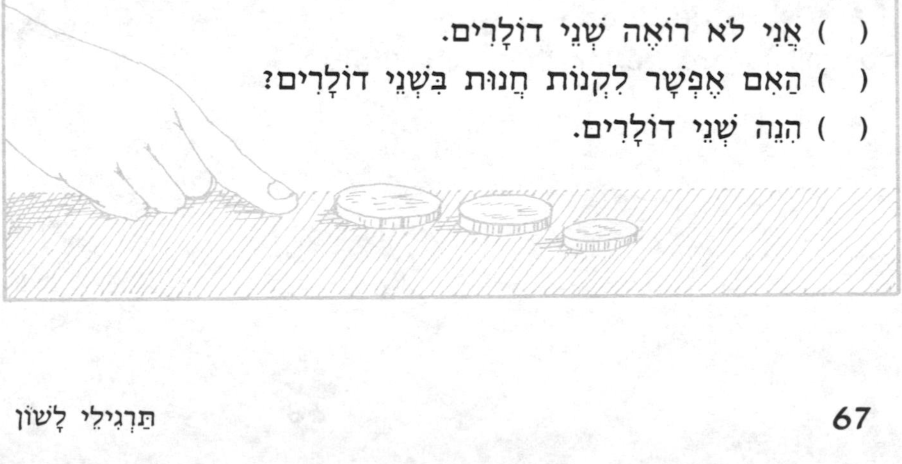

ב

Match each question with the proper answer appearing in the frame below:

1 מִי רוֹצֶה לִמְכֹּר כַּדּוּר־רֶגֶל?
2 הַאִם אַבְרָם צָרִיךְ לִקְנוֹת כַּדּוּר־רֶגֶל?
3 בִּשְׁבִיל מַה רוֹצֶה זְאֵב לָתֵת כֶּסֶף?
4 מִי צָרִיךְ לָתֵת כֶּסֶף לְ״קֶרֶן־עַמִּי״?
5 מַדּוּעַ לֹא עוֹבֵד אַבָּא שֶׁל זְאֵב?

( ) כִּי הוּא חוֹלֶה · ( ) בִּשְׁבִיל ״קֶרֶן־עַמִּי״
( ) זְאֵב · ( ) כָּל אֶחָד · ( ) — לֹא

ג

אֱמֹר בְּעִבְרִית *Say it in Hebrew*

1 I work in the morning.
2 My uncle is sick.
3 He gives me two dollars.
4 I have to give money for "Keren Ami".
5 He does not work because he is sick.
6 "Keren Ami" is a name for "charity".
7 If he is sick, he does not work.
8 Two dollars are better than one (dollar).

יְחִידָה בֵּית

Unit Two – In Honor of the Sabbath

לִכְבוֹד שַׁבָּת

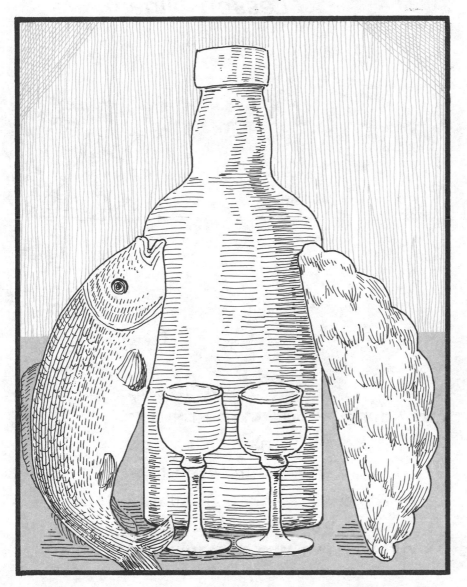

שִׁעוּר תְּשִׁיעִי

Lesson Nine

לִכְבוֹד שַׁבָּת

מָחָר יוֹם הַשַּׁבָּת.
הַיּוֹם אִמָּא רוֹצָה לָלֶכֶת אֶל הַחֲנוּת לִקְנוֹת דְּבָרִים טוֹבִים
בִּשְׁבִיל יוֹם הַשַּׁבָּת.
אִמָּא רוֹצָה לִקְנוֹת לִכְבוֹד שַׁבָּת יַיִן, נֵרוֹת וְחַלּוֹת.
גַּם אוֹרָה רוֹצָה לָלֶכֶת אֶל הַחֲנוּת.
הִיא אוֹהֶבֶת מְאֹד אֶת הַשַּׁבָּת.
הִיא אוֹמֶרֶת כִּי בְּיוֹם הַשַּׁבָּת לֹא צָרִיךְ לִלְמֹד אַנְגְּלִית.

הִיא יוֹדַעַת כִּי בְּיוֹם הַשַּׁבָּת לֹא צָרִיךְ לִכְתֹּב חִבּוּר בִּשְׁבִיל הַמּוֹרֶה.
אוֹרָה אוֹמֶרֶת:
— בְּיוֹם הַשַּׁבָּת יֵשׁ אֲרוּחָה טוֹבָה, וְכָל אֶחָד אוֹכֵל דְּבָרִים טוֹבִים.
אִמָּא אוֹמֶרֶת שֶׁאוֹרָה אוֹהֶבֶת לֶאֱכֹל דְּבָרִים טוֹבִים בְּכָל יוֹם וְיוֹם.
אֲבָל אוֹרָה אוֹמֶרֶת כִּי הִיא גַּם אוֹהֶבֶת לִקְרֹא סֵפֶר טוֹב בְּיוֹם הַשַּׁבָּת.
אַבָּא לֹא עוֹבֵד בְּיוֹם הַשַּׁבָּת.
כָּל אֶחָד בַּבַּיִת. כָּל אֶחָד עוֹשֶׂה מַה שֶּׁצָּרִיךְ לַעֲשׂוֹת לִכְבוֹד שַׁבָּת.

אוֹרָה: אִמָּא, מָתַי אַתְּ הוֹלֶכֶת אֶל הַחֲנוּת?
אִמָּא: הַיּוֹם. הַאִם אֵין אַתְּ יוֹדַעַת מַדּוּעַ אֲנִי רוֹצָה לָלֶכֶת הַיּוֹם אֶל הַחֲנוּת?
אוֹרָה: אַתְּ רוֹצָה לִקְנוֹת דְּבָרִים בִּשְׁבִילִי, בִּשְׁבִיל דָּוִד וּבִשְׁבִיל אַבָּא.
אִמָּא: וְגַם בִּשְׁבִילִי!
אוֹרָה: אֲבָל מַה הֵם הַדְּבָרִים שֶׁאַתְּ רוֹצָה לִקְנוֹת?
אִמָּא: הַאִם אַתְּ לֹא יוֹדַעַת אֵיזֶה יוֹם מָחָר?
אוֹרָה: כֵּן, אֲנִי יוֹדַעַת. מָחָר יוֹם הַשַּׁבָּת. וַאֲנִי יוֹדַעַת כִּי צָרִיךְ לִקְנוֹת דְּבָרִים טוֹבִים בִּשְׁבִיל שַׁבָּת.

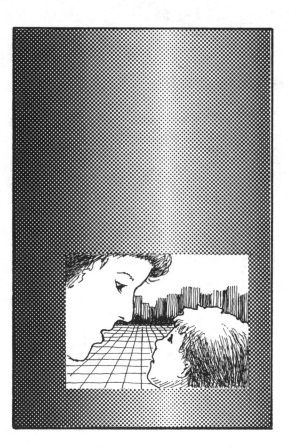

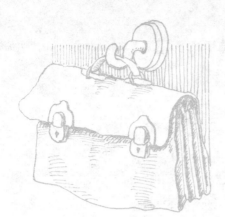

אִמָּא: כֵּן, לִכְבוֹד שַׁבָּת צָרִיךְ לִקְנוֹת דְבָרִים טוֹבִים מְאֹד.
אוֹרָה: לִכְבוֹד שַׁבָּת צָרִיךְ לִקְנוֹת נֵרוֹת, צָרִיךְ לִקְנוֹת יַיִן טוֹב, וְצָרִיךְ לִקְנוֹת גַּם חַלּוֹת.
אִמָּא: וְעוֹד דְבָרִים טוֹבִים לִכְבוֹד שַׁבָּת.
אוֹרָה: אֲנִי אוֹהֶבֶת מְאֹד אֶת יוֹם הַשַּׁבָּת. בְּיוֹם הַשַּׁבָּת לֹא צָרִיךְ לִלְמֹד אַנְגְלִית.
אִמָּא: כֵּן, בְּיוֹם הַשַּׁבָּת גַּם לֹא צָרִיךְ לִכְתֹּב חִבּוּר.
אוֹרָה: אֲבָל בְּיוֹם הַשַּׁבָּת צָרִיךְ לֶאֱכֹל דְבָרִים טוֹבִים!
אִמָּא: אַתְּ אוֹהֶבֶת לֶאֱכֹל דְבָרִים טוֹבִים בְּכָל יוֹם.
אוֹרָה: אֲבָל בְּיוֹם הַשַּׁבָּת אֲנִי גַּם אוֹהֶבֶת לִקְרֹא סֵפֶר טוֹב.
אִמָּא: אַבָּא לֹא עוֹבֵד בְּיוֹם הַשַּׁבָּת. כָּל אֶחָד בַּבַּיִת.
אוֹרָה: וְכָל אֶחָד עוֹשֶׂה מַה שֶּׁצָּרִיךְ לַעֲשׂוֹת לִכְבוֹד שַׁבָּת.

א

זֶה יָפֶה מְאֹד.
זֶה נָעִים מְאֹד.
זֶה טוֹב מְאֹד.
הוּא גָדוֹל מְאֹד.
אֲנִי מְאֹד רוֹצָה לִקְרֹא.

ב

זֶה יוֹם יָפֶה.
זֶה יוֹם טוֹב.
הַיּוֹם יוֹם שַׁבָּת.
אֵיזֶה יוֹם הַיּוֹם?
אֲנִי לוֹמֵד בְּכָל יוֹם.

ג

זֶה לִכְבוֹד שַׁבָּת.
זֶה לִכְבוֹד אַבָּא וְאִמָּא.
זֹאת אֲרוּחָה לִכְבוֹד שַׁבָּת.
לִכְבוֹד מִי אַתָּה עוֹשֶׂה זֹאת?
יַיִן לִכְבוֹד שַׁבָּת.

ד

הִנֵּה נֵרוֹת לִכְבוֹד שַׁבָּת.
בַּחֲנוּת יֵשׁ נֵרוֹת.
צָרִיךְ לִקְנוֹת נֵרוֹת.
קְנֵה נֵרוֹת לְשַׁבָּת!
הַנֵּרוֹת טוֹבִים מְאֹד.

ה

מִי שׁוֹתֶה יַיִן?
הַאִם יֵשׁ לְךָ יַיִן?
קְנֵה יַיִן לִכְבוֹד שַׁבָּת!
הַיַּיִן הַזֶּה טוֹב מְאֹד.
הַאִם אַתָּה אוֹהֵב יַיִן?

ו

הִנֵּה חַלּוֹת עַל הַשֻּׁלְחָן.
לְאִמָּא אֵין חַלּוֹת.
בַּחֲנוּת יֵשׁ חַלּוֹת.
מִי רוֹצֶה לִקְנוֹת חַלּוֹת?
מִי צָרִיךְ לִמְכֹּר חַלּוֹת?

תַּרְגִּילֵי לָשׁוֹן Language Drills

א

*Check (**V**) the sentence which best describes the illustration.*

( ) אִמָּא אוֹהֶבֶת מְאֹד אֶת יוֹם הַשַּׁבָּת.

( ) עַל הַשֻּׁלְחָן יֵשׁ חַלּוֹת.

( ) הִנֵּה מַה שֶּׁצָּרִיךְ לִכְבוֹד שַׁבָּת.

( ) אֲנִי רוֹאֶה אֶת הַחַלּוֹת.

( ) הִנֵּה שְׁנֵי דְבָרִים עַל הַשֻּׁלְחָן.

( ) אֵיפֹה הַיַּיִן לִכְבוֹד שַׁבָּת?

( ) אֵיזֶה יוֹם מָחָר?

( ) יַיִן, חַלּוֹת וְנֵרוֹת בִּשְׁבִיל שַׁבָּת.

( ) אִמָּא הוֹלֶכֶת אֶל הַחֲנוּת.

( ) מָחָר יוֹם הַשַּׁבָּת.

( ) זֶה יוֹם יָפֶה מְאֹד!

( ) הַאִם הַנֵּרוֹת עַל הַשֻּׁלְחָן?

ב

Solve the puzzle, then complete each sentence with the words.

Across
1 composition
2 Sabbath bread (*pl.*)
3 things
4 very

Down
5 in honor of
6 candles
7 wine

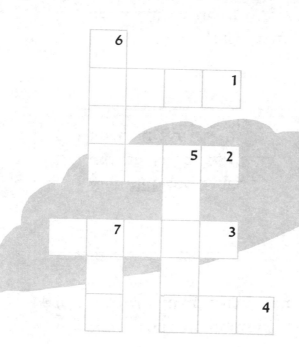

1 צָרִיךְ לִקְנוֹת ________ טוֹבִים.

2 אֲנִי אוֹהֵב ________ אֶת הַיּוֹם הַזֶּה.

3 הַנֵּרוֹת הֵם ________ שַׁבָּת.

4 אֲנִי רוֹאֶה אֶת הַ ________ עַל הַשֻּׁלְחָן.

5 הַאִם הוּא שׁוֹתֶה ________?

6 מַדּוּעַ אֵין ________ עַל הַשֻּׁלְחָן?

7 אֲנִי רוֹצֶה לִכְתֹּב ________.

ג

Read each sentence, then circle the word כֵּן *or* לֹא.

1 אוֹרָה רוֹצָה לִקְנוֹת כַּדּוּר לִכְבוֹד שַׁבָּת.	כֵּן	לֹא
2 לִכְבוֹד שַׁבָּת צָרִיךְ לִקְנוֹת דְּבָרִים טוֹבִים.	כֵּן	לֹא
3 הַחַלּוֹת עַל שֻׁלְחָן?	כֵּן	לֹא
4 צָרִיךְ לִכְתֹּב חִבּוּר בְּיוֹם הַשַּׁבָּת.	כֵּן	לֹא
5 אִמָּא אוֹכֶלֶת בְּיוֹם הַשַּׁבָּת.	כֵּן	לֹא
6 דָּוִד שׁוֹתֶה יַיִן בְּכָל יוֹם.	כֵּן	לֹא
7 אַבָּא הוֹלֵךְ לִקְנוֹת נֵרוֹת לְשַׁבָּת.	כֵּן	לֹא
8 סַבָּא עוֹבֵד בְּיוֹם הַשַּׁבָּת.	כֵּן	לֹא

ד

אֱמֹר בְּעִבְרִית *Say it in Hebrew*

1 I see two things on the table.
2 I love the Sabbath very much.
3 This is a very pleasant day.
4 Where are the candles?
5 Why do you want to write a composition?
6 This is in honor of the Sabbath.
7 Do you drink wine?
8 Buy it in Grandpa's honor!

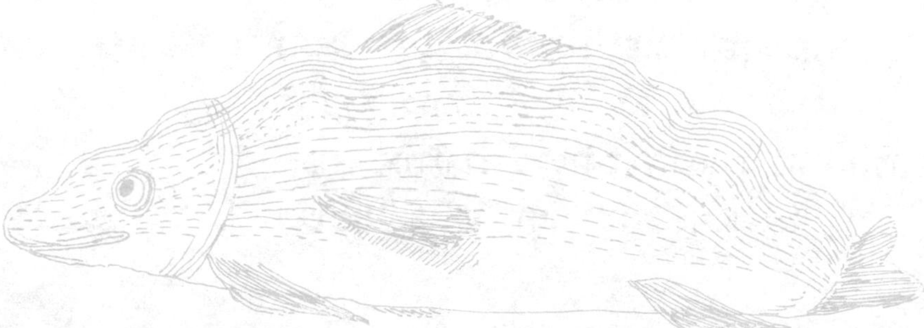

שִׁעוּר עֲשִׂירִי

Lesson Ten

לָמָּה אַרְבָּעָה נֵרוֹת?

דָּוִד בַּבַּיִת. הוּא רוֹאֶה שֶׁאִמָּא מְבָרֶכֶת עַל הַנֵּרוֹת לִכְבוֹד שַׁבָּת.
דָּוִד רוֹצֶה לָדַעַת מַדּוּעַ הִיא מְבָרֶכֶת עַל אַרְבָּעָה נֵרוֹת.
הוּא יוֹדֵעַ כִּי אִמָּא שֶׁל יוֹסֵף מְבָרֶכֶת עַל שְׁנֵי נֵרוֹת לִכְבוֹד שַׁבָּת.
אִמָּא אוֹמֶרֶת כִּי יוֹם הַשַּׁבָּת הוּא יוֹם מְנוּחָה וְשָׁלוֹם בִּשְׁבִיל כָּל אֶחָד. וְעוֹד הִיא אוֹמֶרֶת:

– אֲנִי רוֹצָה מְנוּחָה וְשָׁלוֹם בִּשְׁבִיל אַבָּא, בִּשְׁבִיל אוֹרָה, בִּשְׁבִילְךָ וְגַם בִּשְׁבִילִי. וַאֲנִי מְבָרֶכֶת עַל אַרְבָּעָה נֵרוֹת.

דָוִד יוֹדֵעַ כִּי אַבָּא לֹא מַדְלִיק נֵרוֹת, אֲבָל הוּא מְבָרֵךְ עַל הַיַּיִן, וְאוֹמֵר אֶת הַקִּדּוּשׁ.

דָוִד גַּם יוֹדֵעַ כִּי הַקִּדּוּשׁ הוּא לִכְבוֹד יוֹם הַמְּנוּחָה, יוֹם הַשַּׁבָּת. הוּא אוֹמֵר:

– מַה טּוֹב וּמַה נָּעִים שֶׁאַבָּא מְבָרֵךְ עַל הַיַּיִן,
וְאִמָּא מְבָרֶכֶת עַל הַנֵּרוֹת לִכְבוֹד שַׁבָּת.
מַה טּוֹב וּמַה נָּעִים שֶׁיֵּשׁ יוֹם מְנוּחָה וְשָׁלוֹם!

דּוּ־שִׂיחַ *Dialogue*

דָּוִד: אִמָּא, אֲנִי רוֹאֶה שֶׁאַתְּ מְבָרֶכֶת עַל אַרְבָּעָה נֵרוֹת לִכְבוֹד שַׁבָּת. מַדּוּעַ עַל אַרְבָּעָה נֵרוֹת?

אִמָּא: מַדּוּעַ אַתָּה רוֹצֶה לָדַעַת?

דָּוִד: יוֹסֵף אוֹמֵר לִי שֶׁאִמָּא שֶׁלּוֹ מְבָרֶכֶת עַל שְׁנֵי נֵרוֹת.

אִמָּא: יוֹם הַשַּׁבָּת הוּא יוֹם שֶׁל מְנוּחָה וְשֶׁל שָׁלוֹם. אֲנִי רוֹצָה מְנוּחָה וְשָׁלוֹם בִּשְׁבִיל כָּל אֶחָד.

דָּוִד: גַּם אִמָּא שֶׁל יוֹסֵף יוֹדַעַת כִּי יוֹם הַשַּׁבָּת הוּא יוֹם שֶׁל מְנוּחָה וְשָׁלוֹם. כָּל אֶחָד יוֹדֵעַ זֹאת.

אִמָּא: אֲנִי רוֹצָה מְנוּחָה וְשָׁלוֹם בִּשְׁבִילִי, בִּשְׁבִיל אַבָּא, בִּשְׁבִיל אוֹרָה וְגַם בִּשְׁבִילְךָ.

דָוִד: וְאַתְּ מַדְלִיקָה לִכְבוֹד שַׁבָּת אַרְבָּעָה נֵרוֹת: בִּשְׁבִיל אַבָּא,
בִּשְׁבִיל אוֹרָה, בִּשְׁבִילִי וּבִשְׁבִילֵךְ.

אִמָּא: גַּם אַבָּא רוֹצֶה מְנוּחָה וְשָׁלוֹם בִּשְׁבִיל כָּל אֶחָד.

דָוִד: אֲבָל אַבָּא לֹא מַדְלִיק נֵרוֹת לִכְבוֹד שַׁבָּת.

אִמָּא: הוּא לֹא מַדְלִיק נֵרוֹת, אֲבָל הוּא מְבָרֵךְ עַל הַיַּיִן.
הוּא אוֹמֵר אֶת הַקִּדּוּשׁ.

דָוִד: וְהַקִּדּוּשׁ הוּא לִכְבוֹד יוֹם הַמְּנוּחָה – יוֹם הַשַּׁבָּת.

אִמָּא: מַה טּוֹב וּמַה נָּעִים לָדַעַת כִּי כָּל אַבָּא מְבָרֵךְ עַל הַיַּיִן,
וְכָל אִמָּא מְבָרֶכֶת עַל הַנֵּרוֹת לִכְבוֹד יוֹם הַשַּׁבָּת!

דָוִד: מַה טּוֹב וּמַה נָּעִים שֶׁיֵּשׁ יוֹם הַשַּׁבָּת –
יוֹם מְנוּחָה וְשָׁלוֹם!

א

מִי מְבָרֵךְ עַל הַיַּיִן?
מִי מְבָרֵךְ עַל הַנֵּרוֹת?
מַדּוּעַ הוּא מְבָרֵךְ עַל הַיַּיִן?
מַדּוּעַ אַתָּה לֹא מְבָרֵךְ
עַל הַיַּיִן?
הַאִם כָּל אֶחָד מְבָרֵךְ
עַל הַנֵּרוֹת?

ב

אֲנִי רוֹאֶה אַרְבָּעָה יְלָדִים.
קְנֵה אַרְבָּעָה עִתּוֹנִים!
לָמָּה לְךָ אַרְבָּעָה כַּדּוּרִים?
הִנֵּה בָּאִים אַרְבָּעָה
אוֹרְחִים.
אִמָּא מְבָרֶכֶת עַל
אַרְבָּעָה נֵרוֹת.

ג

מָה אַתָּה רוֹצֶה לָדַעַת?
אֲנִי רוֹצָה לָדַעַת מַה שִּׁמְךָ!
מִי צָרִיךְ לָדַעַת עִבְרִית?
הוּא רוֹצֶה לָדַעַת כָּל דָּבָר.
לָמָּה לְךָ לָדַעַת זֹאת?

ד

אֵין לִי מְנוּחָה.
בַּשַּׁבָּת מְנוּחָה וְשָׁלוֹם.
מַה טּוֹבָה הַמְּנוּחָה בַּשַּׁבָּת!
הַאִם יֵשׁ מְנוּחָה בַּבַּיִת?
הַמְּנוּחָה טוֹבָה בִּשְׁבִילִי.

ה

אִמָּא מַדְלִיקָה נֵרוֹת.
הִיא מַדְלִיקָה אַרְבָּעָה נֵרוֹת.
מַדּוּעַ אֵין אַתְּ מַדְלִיקָה נֵרוֹת?
סַבְתָּא מַדְלִיקָה שְׁנֵי נֵרוֹת.
הִיא מַדְלִיקָה נֵרוֹת
לִכְבוֹד שַׁבָּת.

ו

הוּא אוֹמֵר אֶת הַקִּדּוּשׁ.
זֶה יַיִן לְקִדּוּשׁ.
הַקִּדּוּשׁ לִכְבוֹד שַׁבָּת.
מַה יָּפֶה הַקִּדּוּשׁ!
הַאִם אַתָּה אוֹמֵר קִדּוּשׁ
בְּכָל יוֹם?

תַּרְגִּילֵי לָשׁוֹן Language Drills

א

Check (V) the sentence which best describes the illustration.

( ) הַאִם אַבָּא מְבָרֵךְ עַל הַיַּיִן?

( ) אִמָּא מְבָרֶכֶת עַל הַנֵּרוֹת.

( ) הוּא מַדְלִיק נֵרוֹת.

( ) מִי רוֹצֶה לָדַעַת אֵיפֹה הַנֵּרוֹת?

( ) לָמָּה הִיא מַדְלִיקָה נֵרוֹת?

( ) אֲנִי רוֹאֶה אַרְבָּעָה נֵרוֹת.

( ) אַבָּא מְבָרֵךְ עַל הַיַּיִן.

( ) הַיַּיִן הַזֶּה טוֹב מְאוֹד.

( ) הִנֵּה יוֹם הַמְּנוּחָה!

( ) אַתָּה אוֹמֵר אֶת הַקִּדּוּשׁ.

( ) שְׁנֵי יְלָדִים לוֹמְדִים אֶת הַקִּדּוּשׁ.

( ) מִי אוֹמֵר אֶת הַקִּדּוּשׁ לִכְבוֹד שַׁבָּת?

ב

In the frame find the ending of each Hebrew word which is the exact translation of the English word(s) to the right.

Frame		
חָה	מְבָ ________	(he) is blessing
קָה	מְבָרֶ ________	(she) is blessing
כֶּת	אַרְ ________	four
דוּשׁ	לָדַ ________	to know
לִיק	מְנוּ ________	rest
יִן	מַדְ ________	he lights
בּוֹד	מַדְלִי ________	she lights
רֵךְ	קִ ________	blessing (over wine)
עַת	לִכְ ________	in honor of
בָּעָה	יַ ________	wine

ג

Write the missing feminine form of each verb.

1 אַתָּה מְבָרֵךְ — אַתְּ ____________.
2 הוּא הוֹלֵךְ — הִיא____________.
3 אֲנִי אוֹכֵל — אַתְּ ____________.
4 הוּא מַדְלִיק — הִיא____________.
5 אַתָּה יוֹדֵעַ — הִיא____________.

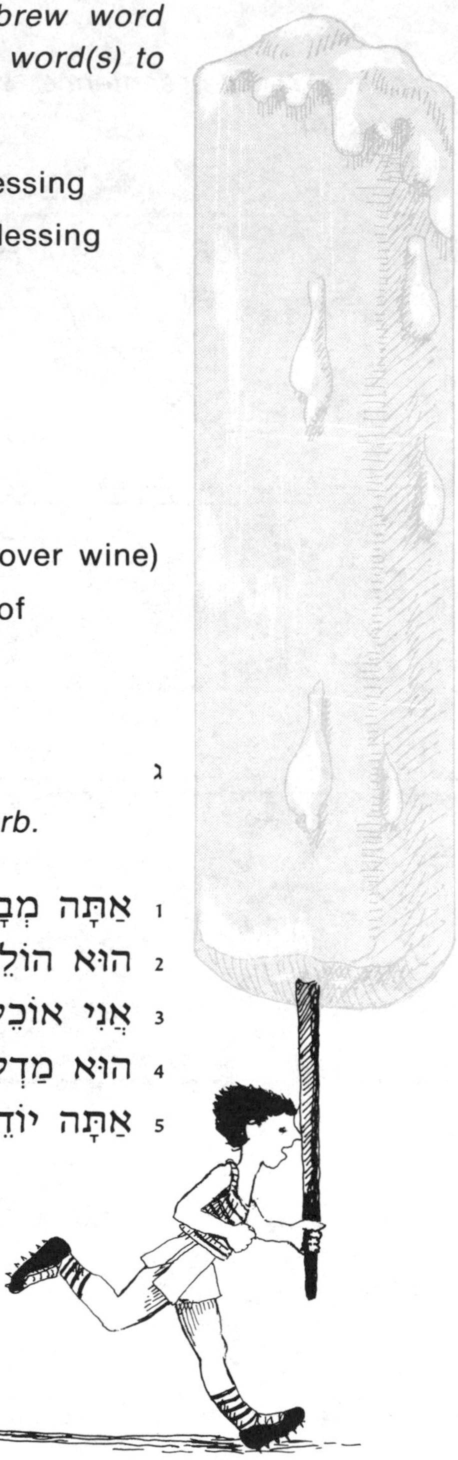

ד

מַה חָסֵר? What's Missing?

Draw a line from each word on the left to the sentence where it belongs.

אַבָּא לֹא מַדְלִיק ______.	1	מְבָרֶכֶת
אִמָּא מַדְלִיקָה ______ נֵרוֹת.	2	לָדַעַת
מִי ______ עַל הַנֵּרוֹת?	3	נֵרוֹת
סַבָּא ______ עַל הַיַּיִן.	4	מְנוּחָה
מָה אַתָּה רוֹצֶה ______?	5	קִדּוּשׁ
יוֹם הַשַּׁבָּת הוּא יוֹם ______.	6	מַדְלִיקָה
הוּא אוֹמֵר אֶת הַ ___ לִכְבוֹד שַׁבָּת.	7	מְבָרֵךְ
הִיא ______ אַרְבָּעָה נֵרוֹת.	8	אַרְבָּעָה

ה

אֱמֹר בְּעִבְרִית Say it in Hebrew

1 I have peace on the day of Sabbath.
2 This is the day of rest.
3 Why does she bless (over) four candles?
4 Father does not light the candles.
5 What do you want to know?
6 Does Ora light the candles?
7 I see four candles on the table.
8 I know what you want to know.

שִׁעוּר אַחַד עָשָׂר

Lesson Eleven

שַׁבָּת הַמַּלְכָּה

דָּן הוֹלֵךְ בָּרְחוֹב. דָּוִד רוֹאֶה אֶת דָּן.
דָּוִד רוֹצֶה לָדַעַת מַה דָּן עוֹשֶׂה בָּרְחוֹב.
דָּן אוֹמֵר שֶׁהוּא הוֹלֵךְ לִקְנוֹת פְּרָחִים. הוּא רוֹצֶה לִקְנוֹת אֶת הַפְּרָחִים כִּי בָּעֶרֶב בָּאָה מַלְכָּה יָפָה.
דָּן אוֹמֵר כִּי הַמַּלְכָּה הַזֹּאת בָּאָה אֶל הַבַּיִת שֶׁל כָּל יְהוּדִי.
דָּן אוֹמֵר שֶׁאִמָּא שֶׁלּוֹ מַדְלִיקָה נֵרוֹת וּמְבָרֶכֶת עַל הַנֵּרוֹת לִכְבוֹד הַמַּלְכָּה הַזֹּאת.

גַּם אַבָּא שֶׁלּוֹ מְבָרֵךְ עַל הַיַּיִן וְאוֹמֵר אֶת הַקִּדּוּשׁ לִכְבוֹד הַמַּלְכָּה הַזֹּאת.

דָּוִד רוֹצֶה לָדַעַת עוֹד וְעוֹד.

דָּן אוֹמֵר:

— אִם הַמַּלְכָּה הַזֹּאת בָּאָה, בָּאִים גַּם מְנוּחָה וְשָׁלוֹם בְּכָל בַּיִת שֶׁל יְהוּדִי.

כֵּן, דָּוִד יוֹדֵעַ מִי הִיא הַמַּלְכָּה הַזֹּאת וְהוּא אוֹמֵר:

— הַמַּלְכָּה הַזֹּאת הִיא הַמַּלְכָּה שֶׁל שַׁבָּת. בָּאָה שַׁבָּת, בָּאָה מְנוּחָה.

דָּן וְדָוִד הוֹלְכִים לִקְנוֹת פְּרָחִים לִכְבוֹד שַׁבָּת הַמַּלְכָּה.

דָּוִד: דָּן, מָה אַתָּה עוֹשֶׂה בָּרְחוֹב?

דָּן: אֲנִי עוֹשֶׂה מַה שֶּׁגַּם אַתָּה צָרִיךְ לַעֲשׂוֹת.

דָּוִד: אֲנִי צָרִיךְ לַעֲשׂוֹת מַה שֶּׁאַתָּה עוֹשֶׂה?

דָּן: כֵּן. אַתָּה יְהוּדִי, וְאַתָּה צָרִיךְ לַעֲשׂוֹת מַה שֶּׁאֲנִי רוֹצֶה לַעֲשׂוֹת.

דָּוִד: בְּבַקָּשָׁה, דָּן, אֱמֹר לִי: מָה אַתָּה רוֹצֶה לַעֲשׂוֹת?

דָּן: אֲנִי הוֹלֵךְ לִקְנוֹת פְּרָחִים.

דָּוִד: אֲבָל לָמָּה לְךָ פְּרָחִים?

דָּן: כִּי הַיּוֹם בָּעֶרֶב בָּאָה מַלְכָּה יָפָה וְצָרִיךְ לִקְנוֹת פְּרָחִים לִכְבוֹד הַמַּלְכָּה.

דָּוִד: אֵיפֹה הִיא הַמַּלְכָּה שֶׁלְּךָ?

דָּן: הִיא בָּאָה אֶל הַבַּיִת שֶׁלִּי. הִיא גַּם בָּאָה אֶל הַבַּיִת שֶׁלְּךָ. הִיא בָּאָה לְכָל בַּיִת שֶׁל יְהוּדִי.

דָוִד: לְכָל בַּיִת שֶׁל יְהוּדִי?

דָן: כֵּן. אִמָּא שֶׁלִּי מַדְלִיקָה נֵרוֹת וְהִיא מְבָרֶכֶת עַל הַנֵּרוֹת לִכְבוֹד הַמַּלְכָּה הַזֹּאת.

דָוִד: מָה עוֹד?

דָן: אַבָּא שֶׁלִּי מְבָרֵךְ עַל הַיַּיִן וְאוֹמֵר אֶת הַקִּדּוּשׁ לִכְבוֹד הַמַּלְכָּה הַזֹּאת.

דָוִד: מָה עוֹד?

דָן: אִם הַמַּלְכָּה בָּאָה, גַּם מְנוּחָה בָּאָה בְּכָל בַּיִת שֶׁל יְהוּדִי.

דָוִד: מָה עוֹד?

דָן: אַתָּה יְהוּדִי, וְאַתָּה לֹא יוֹדֵעַ?

דָוִד: חַ—חַ—חַ! אֲנִי יוֹדֵעַ מִי הִיא הַמַּלְכָּה הַזֹּאת! אֲנִי יוֹדֵעַ!

דָן: מִי הִיא?

דָוִד: הִיא הַמַּלְכָּה שֶׁל שַׁבָּת!

דָן: וּמַדּוּעַ אַתָּה אוֹמֵר: "מָה עוֹד? מָה עוֹד?"

דָוִד: כִּי אֲנִי רוֹצֶה לָדַעַת אִם אַתָּה יוֹדֵעַ!

דָן: וַאֲנִי יוֹדֵעַ!

דָוִד: כָּל אֶחָד יוֹדֵעַ: בָּאָה שַׁבָּת, בָּאָה מְנוּחָה לְכָל בַּיִת יְהוּדִי.

דָן: וְצָרִיךְ לִקְנוֹת פְּרָחִים לִכְבוֹד שַׁבָּת הַמַּלְכָּה!

דִּגְמֵי מִשְׁפָּט — *Sentence Patterns*

א

הִנֵּה פְּרָחִים עַל הַשֻּׁלְחָן.
מִי רוֹצֶה לִקְנוֹת פְּרָחִים?
הַאִם אַתָּה מוֹכֵר פְּרָחִים?
הַפְּרָחִים הֵם לִכְבוֹד שַׁבָּת.
הַאִם יֵשׁ לְךָ אַרְבָּעָה פְּרָחִים?

ב

אִמָּא בָּאָה אֶל הַבַּיִת.
מָתַי אַתְּ בָּאָה?
בָּאָה שַׁבָּת, בָּאָה מְנוּחָה.
הַתַּלְמִידָה בָּאָה אֶל הַכִּתָּה.
אַתְּ בָּאָה וַאֲנִי הוֹלֶכֶת.

ג

עֶרֶב טוֹב, יְלָדִים!
מִי בָּא בָּעֶרֶב?
זֶה עֶרֶב יָפֶה מְאֹד.
הוּא לֹא עוֹבֵד בָּעֶרֶב.
מַדּוּעַ אַתָּה עוֹבֵד בָּעֶרֶב?

ד

זֹאת מַלְכָּה יָפָה!
אֵיפֹה יֵשׁ מַלְכָּה?
זֹאת הַמַּלְכָּה שֶׁל שַׁבָּת.
הַאִם אַתָּה רוֹאֶה אֶת הַמַּלְכָּה?
"מַלְכָּה" זֶה שֵׁם שֶׁל יַלְדָּה.

ה

אֲנִי יְהוּדִי.
גַּם הָאָח שֶׁלִּי יְהוּדִי.
הֶחָבֵר שֶׁלִּי יְהוּדִי טוֹב.
יְהוּדִי מְבָרֵךְ עַל הַיַּיִן.
יֶלֶד יְהוּדִי לוֹמֵד עִבְרִית.

ו

מָה עוֹשֶׂה יְהוּדִי בַּשַּׁבָּת?
מָה אַתָּה עוֹשֶׂה בָּעֶרֶב?
מַה הוּא עוֹשֶׂה בַּיַּיִן?
מָה אַתָּה עוֹשֶׂה בַּפְּרָחִים?
מָה אַתָּה עוֹשֶׂה בְּכָל יוֹם?

א

Check (V) the sentence which best describes the illustration.

( ) הוּא רוֹצֶה לִקְנוֹת פְּרָחִים.
( ) אַתָּה צָרִיךְ לִמְכֹּר פְּרָחִים.
( ) לִי יֵשׁ פְּרָחִים.

( ) מָה אַתָּה עוֹשֶׂה בָּעֶרֶב?
( ) הוּא עוֹבֵד בַּבֹּקֶר וּבָעֶרֶב.
( ) בָּעֶרֶב הִיא בָּאָה הַבַּיְתָה.

( ) הַמַּלְכָּה יָפָה מְאֹד.
( ) זֹאת שַׁבָּת הַמַּלְכָּה.
( ) הַמַּלְכָּה מְבָרֶכֶת עַל הַנֵּרוֹת.

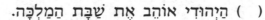

( ) הַיְּהוּדִי אוֹהֵב אֶת שַׁבָּת הַמַּלְכָּה.
( ) יְהוּדִי מְבָרֵךְ עַל הַיַּיִן.
( ) אַתָּה יְהוּדִי וְגַם אֲנִי יְהוּדִי.

ב

Write the number of each English sentence at the beginning of the Hebrew sentence which has the same meaning.

1 I do not see the queen.	( )	אִמָּא בָּאָה הַבַּיְתָה.
2 Here is the Sabbath Queen!	( )	הִנֵּה שַׁבָּת הַמַּלְכָּה!
3 Are you a good Jew?	( )	הִיא בָּאָה בָּעֶרֶב.
4 Ora wants to buy flowers.	( )	מִי הוּא יְהוּדִי?
5 Who is a Jew?	( )	אֲנִי לֹא רוֹאֶה אֶת הַמַּלְכָּה.
6 Mother is coming home.	( )	הַאִם הוּא מוֹכֵר פְּרָחִים?
7 She comes in the evening.	( )	הַאִם אַתָּה יְהוּדִי טוֹב?
8 Does he sell flowers?	( )	אוֹרָה רוֹצָה לִקְנוֹת פְּרָחִים.

ג

Match each question with the correct answer in the frame.

1 אֵיפֹה רוֹאֶה דָּוִד אֶת דָּן?
2 מָה רוֹצֶה דָּן לַעֲשׂוֹת?
3 בִּשְׁבִיל מִי רוֹצֶה דָּן לִקְנוֹת פְּרָחִים?
4 אֶל הַבַּיִת שֶׁל מִי בָּאָה שַׁבָּת הַמַּלְכָּה?
5 מַה מַּדְלִיקָה אִמָּא לִכְבוֹד שַׁבָּת?

( ) לִקְנוֹת פְּרָחִים · ( ) שַׁבָּת הַמַּלְכָּה

( ) נֵרוֹת · ( ) בָּרְחוֹב · ( ) שֶׁל כָּל יְהוּדִי

ד

מַה חָסֵר? What's Missing?

Choose one of the following words to complete each sentence.

בָּאָה מַלְכָּה עֶרֶב יַיִן לַעֲשׂוֹת לִכְבוֹד יְהוּדִי פְּרָחִים

הוּא עוֹשֶׂה מַה שֶׁהוּא צָרִיךְ ________.

________ מְבָרֵךְ עַל הַיַּיִן לִכְבוֹד שַׁבָּת.

מָתַי ________ הַמַּלְכָּה שֶׁל שַׁבָּת?

דָּן רוֹצֶה לִקְנוֹת ________ לִכְבוֹד שַׁבָּת.

הַיּוֹם בָּ ________ בָּאָה מַלְכָּה יָפָה.

זֹאת ________ יָפָה מְאֹד!

צָרִיךְ לִקְנוֹת דְּבָרִים טוֹבִים ________ שַׁבָּת.

מִי שׁוֹתֶה אֶת הַ ________ הַזֶּה?

ה

אֱמֹר בְּעִבְרִית Say it in Hebrew

1 Where are the flowers?
2 She comes every day.
3 The queen is very beautiful.
4 I am Jewish.
5 What are you doing in the evening?
6 There is rest on the Sabbath.
7 "What else?" says my brother.
8 What do you have to know?

שִׁעוּר שְׁנֵים עָשָׂר

Lesson Twelve

אוֹרֵחַ לְשַׁבָּת

יוֹם הַשִּׁשִּׁי. אִמָּא שָׂמָה פְּרָחִים עַל הַשֻּׁלְחָן.
אוֹרָה יוֹדַעַת כִּי בַּיּוֹם הַשִּׁשִּׁי בָּעֶרֶב בָּאָה הַשַּׁבָּת.
הַפְּרָחִים הֵם לִכְבוֹד הַשַּׁבָּת.
אוֹרָה גַּם יוֹדַעַת כִּי בָּעֶרֶב יֵשׁ אֲרוּחָה טוֹבָה מְאֹד.
אִמָּא אוֹמֶרֶת כִּי טוֹבָה הָאֲרוּחָה בְּיוֹם הַמְּנוּחָה.
וְאוֹרָה אוֹמֶרֶת:
– אִמָּא, יֵשׁ שִׁיר יָפֶה שֶׁל שַׁבָּת. שֵׁם הַשִּׁיר "טוֹבָה הָאֲרוּחָה בְּיוֹם הַמְּנוּחָה".

אִמָּא אוֹמֶרֶת כִּי יֵשׁ עוֹד שִׁירִים לִכְבוֹד שַׁבָּת.
אוֹרָה אוֹמֶרֶת:
– אִמָּא, הַאִם בָּא אוֹרֵחַ אֶל הָאֲרוּחָה
בְּיוֹם הַשִּׁשִּׁי בָּעֶרֶב?
אִמָּא אוֹמֶרֶת שֶׁהַמּוֹרָה שֶׁל אוֹרָה בָּאָה אֶל הָאֲרוּחָה
שֶׁל שַׁבָּת.

אוֹרָה רוֹצָה לָדַעַת מָתַי אִמָּא מְבָרֶכֶת עַל הַנֵּרוֹת.
אִמָּא אוֹמֶרֶת:
– כַּאֲשֶׁר בָּא אַבָּא הַבַּיְתָה, אֲנִי מְבָרֶכֶת עַל הַנֵּרוֹת.
אַבָּא וְדָוִד בָּאִים אֶל הַבַּיִת.
עַכְשָׁו – אוֹמֶרֶת אִמָּא – אֲנִי מְבָרֶכֶת עַל הַנֵּרוֹת.
כָּל אֶחָד אוֹמֵר:
– שַׁבָּת שָׁלוֹם.

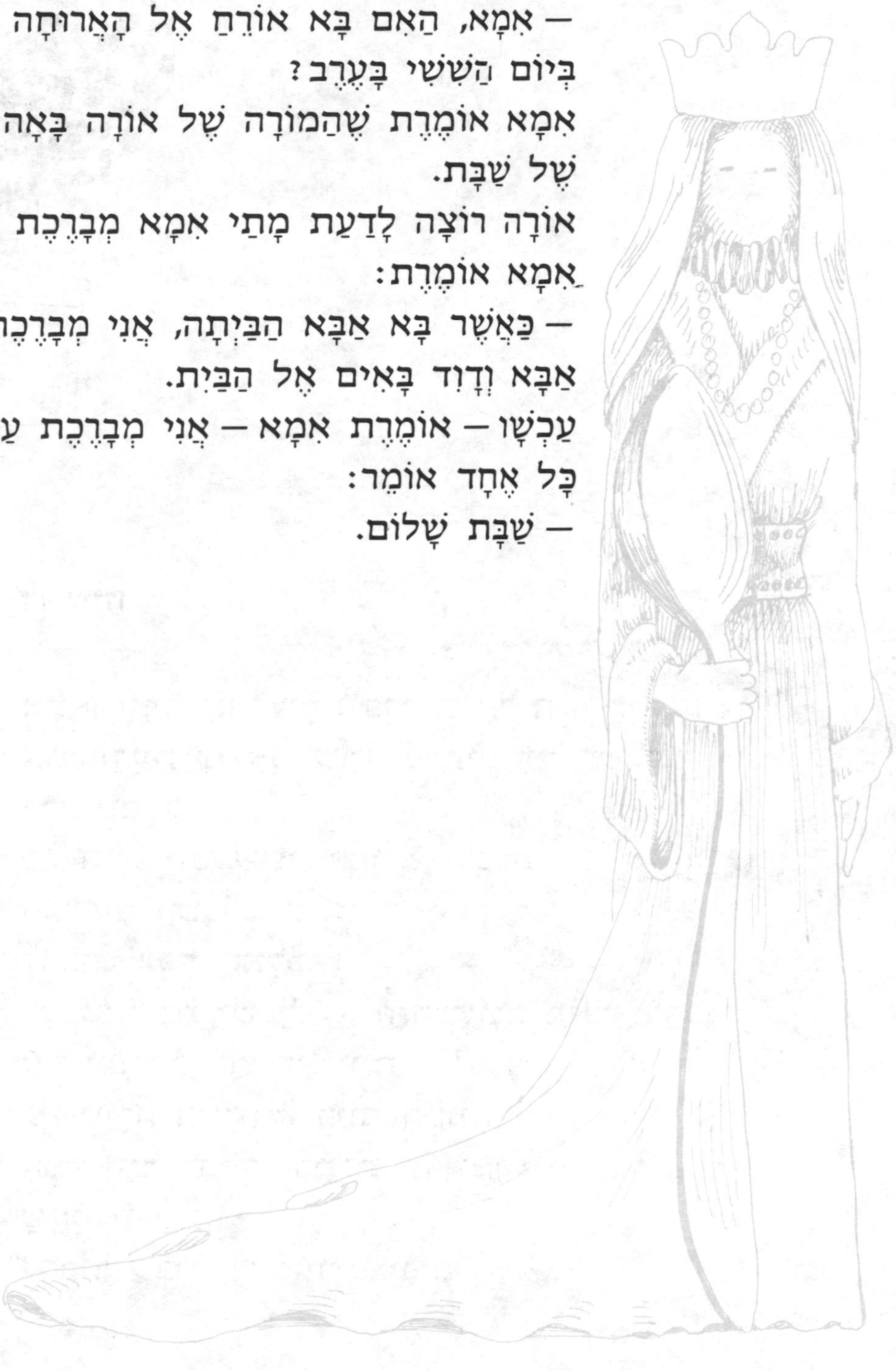

דוּ־שִׂיחַ Dialogue

אוֹרָה: אִמָּא, לָמָּה אַתְּ שָׂמָה פְּרָחִים עַל הַשֻּׁלְחָן?
אִמָּא: אַתְּ יוֹדַעַת כִּי אֲנִי שָׂמָה פְּרָחִים עַל הַשֻּׁלְחָן בְּכָל יוֹם שִׁשִּׁי.
אוֹרָה: כֵּן, הַיּוֹם יוֹם שִׁשִּׁי, וּבָעֶרֶב – שַׁבָּת. הַפְּרָחִים הֵם לִכְבוֹד שַׁבָּת.
אִמָּא: לִכְבוֹד שַׁבָּת הַמַּלְכָּה!
אוֹרָה: לִכְבוֹד שַׁבָּת יֵשׁ לָךְ אֲרוּחָה טוֹבָה מְאֹד. אֲנִי אוֹהֶבֶת אֶת הָאֲרוּחָה שֶׁל שַׁבָּת.
אִמָּא: כֵּן, טוֹבָה הָאֲרוּחָה בְּיוֹם הַמְּנוּחָה.
אוֹרָה: אִמָּא, מַה שֶּׁאַתְּ אוֹמֶרֶת זֶה כְּמוֹ שִׁיר שֶׁל שַׁבָּת שֶׁאֲנִי יוֹדַעַת.
אִמָּא: לִכְבוֹד שַׁבָּת יֵשׁ שִׁירִים יָפִים.

אוֹרָה: כֵּן. הַמּוֹרָה שֶׁלִי יוֹדַעַת שִׁירִים לְשַׁבָּת.

אִמָּא: הַמּוֹרָה שֶׁלָּךְ בָּאָה בְּעֶרֶב אֶל הָאֲרוּחָה שֶׁל שַׁבָּת. גַּם הִיא אוֹהֶבֶת אֶת הָאֲרוּחָה שֶׁלִי בְּיוֹם הַשִּׁשִּׁי בָּעֶרֶב.

אוֹרָה: זֶה יָפֶה מְאֹד! בְּכָל יוֹם שִׁשִּׁי בָּעֶרֶב יֵשׁ אוֹרֵחַ בַּבַּיִת לִכְבוֹד שַׁבָּת!

אִמָּא: בְּכָל בַּיִת יְהוּדִי יֵשׁ אוֹרֵחַ לְשַׁבָּת.

אוֹרָה: מָתַי אַתְּ מְבָרֶכֶת עַל הַנֵּרוֹת?

אִמָּא: אֲנִי מְבָרֶכֶת עַל הַנֵּרוֹת כַּאֲשֶׁר אַבָּא בָּא הַבַּיְתָה.

אוֹרָה: מָתַי הוּא בָּא? וְגַם דָּוִד עוֹד לֹא בַּבַּיִת.

אִמָּא: הִנֵּה הֵם בָּאִים! שָׁלוֹם! עַכְשָׁו אֲנִי מְבָרֶכֶת עַל הַנֵּרוֹת.

אוֹרָה: אַבָּא! דָּוִד! הַמּוֹרָה שֶׁלִי בָּאָה אֶל הָאֲרוּחָה...

אַבָּא: שׁ... שׁ... אוֹרָה! אִמָּא מְבָרֶכֶת עַל הַנֵּרוֹת!

אִמָּא: שַׁבַּת שָׁלוֹם!

אַבָּא: שַׁבַּת שָׁלוֹם. שַׁבַּת מְנוּחָה!

א

מָתַי הוּא בָּא?
מִי בָּא בַּיּוֹם הַשִּׁשִּׁי?
הַדּוֹד בָּא הַבַּיְתָה.
הִנֵּה בָּא כֶּלֶב קָטָן.

ב

אֵיפֹה אַתְּ שָׂמָה אֶת הַפְּרָחִים?
אִמָּא שָׂמָה נֵרוֹת עַל הַשֻּׁלְחָן.
הַדּוֹדָה שָׂמָה עוּגָה עַל הַשֻּׁלְחָן.
הִיא שָׂמָה כֶּסֶף בַּכִּיס שֶׁלִּי.

ג

הֵם יְלָדִים יָפִים.
מַה יָּפִים הַפְּרָחִים!
הֵם יָפִים וְטוֹבִים.
אֲנִי אוֹהֵב שִׁירִים יָפִים.

ד

אֲנִי יוֹדֵעַ שִׁיר יָפֶה.
הַאִם זֶה שִׁיר לִכְבוֹד שַׁבָּת?
אַתָּה רוֹצֶה לָדַעַת אֶת הַשִּׁיר?
זֶה שִׁיר טוֹב מְאֹד!

ה

הִיא בָּאָה כַּאֲשֶׁר אֲנִי הוֹלֶכֶת.
הַמְּנוּחָה בָּאָה כַּאֲשֶׁר בָּאָה הַשַּׁבָּת.
כַּאֲשֶׁר בָּא הָעֶרֶב אִמָּא מַדְלִיקָה נֵרוֹת.
אַבָּא מְבָרֵךְ עַל הַיַּיִן כַּאֲשֶׁר הוּא אוֹמֵר אֶת הַקִּדּוּשׁ.

ו

הוּא יוֹדֵעַ עִבְרִית כְּמוֹ הַמּוֹרֶה שֶׁלִּי.
הוּא עוֹשֶׂה כָּל דָּבָר כְּמוֹ שֶׁצָּרִיךְ לַעֲשׂוֹת.
דָּוִד יוֹדֵעַ אֶת הַקִּדּוּשׁ כְּמוֹ אַבָּא שֶׁלּוֹ.
הָעוּגָה הַזֹּאת טוֹבָה כְּמוֹ הָעוּגָה שֶׁל אִמָּא.

א

Check (✓) the sentence which best describes the illustration.

( ) אִמָּא שָׂמָה חַלּוֹת וְיַיִן עַל הַשֻּׁלְחָן.
( ) הִיא מְבָרֶכֶת עַל הַנֵּרוֹת בָּעֶרֶב.
( ) הַשַּׁבָּת בָּאָה בַּיּוֹם הַשִּׁשִּׁי בָּעֶרֶב.

( ) אֲנִי לֹא כְּמוֹ רוּת.
( ) אֲנִי יוֹדֵעַ כְּמוֹ שֶׁאַתָּה יוֹדֵעַ.
( ) דָּוִד גָּדוֹל כְּמוֹ יוֹסֵף.

( ) הוּא יוֹדֵעַ לָשִׁיר שִׁירִים יָפִים.
( ) אֲנִי יוֹדֵעַ אַרְבָּעָה שִׁירִים.
( ) זֶה הַשִּׁיר שֶׁלִּי.

( ) מָה אַתָּה עוֹשֶׂה כַּאֲשֶׁר אֲנִי אוֹכֵל?
( ) מָה הוּא עוֹשֶׂה כַּאֲשֶׁר בָּאָה הַשַּׁבָּת?
( ) כַּאֲשֶׁר אַתָּה בָּא, אֲנִי הוֹלֵךְ.

To solve this puzzle, find the words in the Hebrew list
which mean the same as the following English words.

Across			Down		
	1	like, as	Down	1	when, as
	2	he comes		4	sixth
	3	name		7	pretty *(s.)*
	4	song		8	if
	5	pretty *(pl.)*			
	6	she puts			

אוֹפָה · שָׂמָה · אַרְבָּעָה · כִּיס · בּוֹא · כְּמוֹ · יַיִן · יָפֶה
צָרִיךְ · לָמָה · אִם · כַּאֲשֶׁר · עִתּוֹנִים · בָּא · שְׁנַיִם
שִׁיר · יָפִים · גִּיר · שִׁשִּׁי · שֵׁם

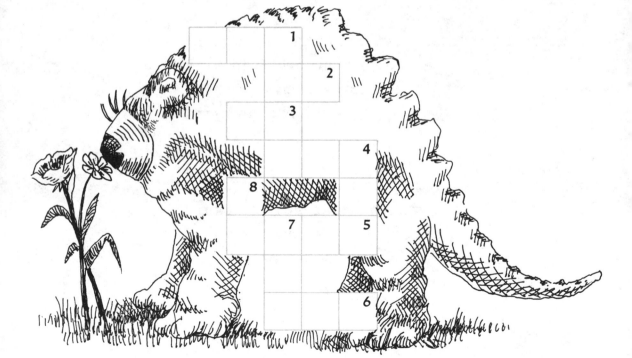

ג

מַה חָסֵר? *What's Missing?*

Draw a line from the words in the left-hand column to the sentence where they belong.

הִיא שָׂמָה	1	לָמָּה אַתְּ שָׂמָה פְּרָחִים ____?
בָּא אוֹרֵחַ	2	אֲנִי יוֹדַעַת כִּי ____ פְּרָחִים עַל הַשֻּׁלְחָן.
אַתְּ מְבָרֶכֶת	3	____ יֵשׁ אֲרוּחָה טוֹבָה מְאֹד.
בָּא הַבַּיְתָה	4	כֵּן, טוֹבָה הָאֲרוּחָה ____.
שַׁבַּת שָׁלוֹם	5	בְּכָל יוֹם שִׁשִּׁי בָּעֶרֶב ____.
לִכְבוֹד שַׁבָּת	6	מָתַי ____ עַל הַנֵּרוֹת?
בְּיוֹם הַמְּנוּחָה	7	הִנֵּה אַבָּא ____.
עַל הַשֻּׁלְחָן	8	אַבָּא אוֹמֵר לְאִמָּא: ____!

ד

אֱמֹר בְּעִבְרִית *Say it in Hebrew*

1 Where does she put the flowers?
2 A guest comes on Friday (the sixth day).
3 Grandpa is as big as my uncle.
4 This is a beautiful song!
5 They are good songs.
6 You are walking like your father.
7 When he drinks wine he knows everything!
8 You do a good thing when you drink milk.

שִׁעוּר שְׁלֹשָׁה עָשָׂר

Lesson Thirteen

בְּבֵית הַכְּנֶסֶת

בַּיּוֹם הַשִּׁשִּׁי בָּעֶרֶב אַבָּא וְאִמָּא, דָּוִד וְאוֹרָה, הוֹלְכִים אֶל בֵּית הַכְּנֶסֶת.

בְּבֵית הַכְּנֶסֶת יֵשׁ סִדּוּר בִּשְׁבִיל כָּל מִי שֶׁרוֹצֶה לְהִתְפַּלֵּל.

אֲבָל לְדָוִד יֵשׁ סִדּוּר יָפֶה מְאֹד. הַסִּדּוּר שֶׁלּוֹ הוּא מַתָּנָה שֶׁל הַדּוֹד מִירוּשָׁלַיִם.

דָּוִד אוֹהֵב אֶת הַסִּדּוּר שֶׁלּוֹ מִירוּשָׁלַיִם.

דָּוִד יוֹדֵעַ אֵיפֹה כָּל הַתְּפִלּוֹת.

דָּוִד אוֹמֵר כִּי הוּא יוֹדֵעַ אֶת הַתְּפִלּוֹת כְּמוֹ הַחַזָּן.
אַבָּא אוֹמֵר לְדָוִד:
– הַאִם אַתָּה גַּם יוֹדֵעַ לָשִׁיר אֶת כָּל הַשִּׁירִים כְּמוֹ הַחַזָּן?
דָּוִד אוֹמֵר כִּי הוּא לֹא יוֹדֵעַ לָשִׁיר כְּמוֹ הַחַזָּן וְלֹא יוֹדֵעַ לָשִׁיר אֶת כָּל הַתְּפִלּוֹת.
דָּוִד אוֹמֵר כִּי הוּא יוֹדֵעַ לָשִׁיר שְׁנֵי שִׁירִים יָפִים שֶׁל שַׁבָּת.
אַבָּא אוֹמֵר כִּי הוּא יוֹדֵעַ אַרְבָּעָה שִׁירִים יָפִים מְאֹד.
דָּוִד אוֹמֵר:
– טוֹב לָשִׁיר שִׁירִים לִכְבוֹד שַׁבָּת. טוֹב לִקְרֹא אֶת הַתְּפִלּוֹת בַּסִּדּוּר.
דָּוִד יוֹדֵעַ כִּי צָרִיךְ לְהִתְפַּלֵּל לְשָׁלוֹם וְלִמְנוּחָה. צָרִיךְ לְהִתְפַּלֵּל בִּשְׁבִיל כָּל הַדְּבָרִים הַטּוֹבִים שֶׁכָּל אֶחָד רוֹצֶה.

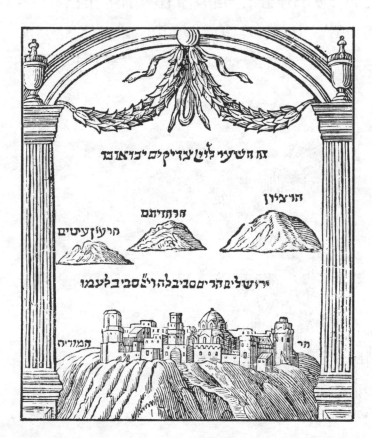

דוּ־שִׂיחַ Dialogue

אַבָּא: דָּוִד, אֱמֹר לְאִמָּא וּלְאוֹרָה כִּי צָרִיךְ לָלֶכֶת אֶל בֵּית הַכְּנֶסֶת.

דָּוִד: בּוֹאִי, אִמָּא! בּוֹאִי, אוֹרָה! אֲנַחְנוּ הוֹלְכִים אֶל בֵּית הַכְּנֶסֶת.

אַבָּא: אֲנִי רוֹאֶה שֶׁיֵּשׁ לְךָ סִדּוּר. לָמָּה לְךָ הַסִּדּוּר? בְּבֵית הַכְּנֶסֶת יֵשׁ סִדּוּר בִּשְׁבִיל כָּל אֶחָד.

דָּוִד: הַסִּדּוּר שֶׁלִּי יָפֶה מְאֹד. אַתָּה יוֹדֵעַ כִּי הַסִּדּוּר הַזֶּה הוּא מַתָּנָה שֶׁל הַדּוֹד בִּירוּשָׁלַיִם. אֲנִי אוֹהֵב מְאֹד אֶת הַסִּדּוּר הַיָּפֶה מִירוּשָׁלַיִם.

אַבָּא: הַסִּדּוּר מִירוּשָׁלַיִם הוּא לֹא כְּמוֹ הַסִּדּוּר בְּבֵית הַכְּנֶסֶת. הַאִם אַתָּה יוֹדֵעַ אֵיפֹה הַתְּפִלּוֹת שֶׁל שַׁבָּת בַּסִּדּוּר שֶׁלְּךָ?

דָּוִד: אֲנִי יוֹדֵעַ אֵיפֹה כָּל הַתְּפִלּוֹת. אֲנִי יוֹדֵעַ אֶת הַתְּפִלּוֹת כְּמוֹ הַחַזָּן.

אַבָּא: כְּמוֹ הַחַזָּן? הַאִם אַתָּה יוֹדֵעַ לָשִׁיר אֶת כָּל הַשִּׁירִים כְּמוֹ הַחַזָּן?

דָוִד: לֹא. אֲנִי לֹא יוֹדֵעַ לָשִׁיר כְּמוֹ הַחַזָּן. אֲנִי לֹא יוֹדֵעַ לָשִׁיר אֶת כָּל הַתְּפִלּוֹת. אֲנִי יוֹדֵעַ לָשִׁיר שְׁנֵי שִׁירִים שֶׁל שַׁבָּת.

אַבָּא: וַאֲנִי יוֹדֵעַ לָשִׁיר אַרְבָּעָה שִׁירִים. הֵם שִׁירִים יָפִים מְאֹד!

דָוִד: טוֹב לָשִׁיר לִכְבוֹד הַשַּׁבָּת. טוֹב לִקְרֹא אֶת הַתְּפִלּוֹת. טוֹב לְהִתְפַּלֵּל.

אַבָּא: אַתָּה יוֹדֵעַ לָמָּה צָרִיךְ לְהִתְפַּלֵּל?

דָוִד: צָרִיךְ לְהִתְפַּלֵּל לְשָׁלוֹם וְלִמְנוּחָה. צָרִיךְ לְהִתְפַּלֵּל בִּשְׁבִיל כָּל הַדְּבָרִים הַטּוֹבִים שֶׁכָּל אֶחָד רוֹצֶה.

אַבָּא: טוֹב. אֲנַחְנוּ הוֹלְכִים אֶל בֵּית הַכְּנֶסֶת לְהִתְפַּלֵּל.

א

זֶה בֵּית כְּנֶסֶת יָפֶה מְאֹד.
מִי הוֹלֵךְ לְהִתְפַּלֵּל בְּבֵית הַכְּנֶסֶת?
מִי צָרִיךְ לָלֶכֶת לְבֵית הַכְּנֶסֶת?
בְּבֵית הַכְּנֶסֶת יֵשׁ סִדּוּר בִּשְׁבִיל
כָּל אֶחָד.

ב

הַחַזָּן יוֹדֵעַ לָשִׁיר.
אֵיפֹה הַחַזָּן?
הַאִם הוּא חַזָּן?
הַחַזָּן יוֹדֵעַ תְּפִלּוֹת.

ג

בַּסִּדּוּר יֵשׁ תְּפִלּוֹת.
הַאִם הוּא יוֹדֵעַ אֶת הַתְּפִלּוֹת?
הַתַּלְמִידִים לוֹמְדִים תְּפִלּוֹת.
צָרִיךְ לִקְרֹא אֶת הַתְּפִלּוֹת.

ד

מִי רוֹצֶה לָשִׁיר?
מִי יוֹדֵעַ לָשִׁיר?
מַה טּוֹב לָשִׁיר!
הַחַזָּן צָרִיךְ לָשִׁיר.

ה

זֹאת יְרוּשָׁלַיִם.
יֵשׁ לִי דּוֹד בִּירוּשָׁלַיִם.
זֶה סִדּוּר מִירוּשָׁלַיִם.
מִי בָּא מִירוּשָׁלַיִם?

ו

אֵיפֹה הַסִּדּוּר?
הִנֵּה הַסִּדּוּר.
זֶה סִדּוּר יָפֶה.
הוּא נוֹתֵן לִי סִדּוּר.

ז

כָּל יְהוּדִי צָרִיךְ לְהִתְפַּלֵּל.
אֲנִי אוֹהֵב מְאֹד לְהִתְפַּלֵּל.
הוּא רוֹצֶה לְהִתְפַּלֵּל בַּבֹּקֶר וּבָעֶרֶב.
הַחַזָּן צָרִיךְ לְהִתְפַּלֵּל בְּבֵית הַכְּנֶסֶת.

תַּרְגִּילֵי לָשׁוֹן Language Drills

א

Check (✓) the sentence which best describes the illustration.

( ) בְּבֵית הַכְּנֶסֶת יֵשׁ חַזָּן.

( ) אֲנַחְנוּ הוֹלְכִים אֶל בֵּית הַכְּנֶסֶת.

( ) בִּירוּשָׁלַיִם יֵשׁ בֵּית כְּנֶסֶת.

( ) אֲנִי רוֹצֶה לָשִׁיר אֶת הַתְּפִלּוֹת.

( ) הַחַזָּן יוֹדֵעַ לָשִׁיר אֶת הַתְּפִלּוֹת.

( ) מִי יוֹדֵעַ אֶת הַתְּפִלּוֹת שֶׁל שַׁבָּת?

( ) יֵשׁ לִי סִדּוּר יָפֶה מְאֹד.

( ) דָּוִד, קְנֵה לְךָ סִדּוּר!

( ) בַּסִּדּוּר שֶׁלָּהּ יֵשׁ תְּפִלּוֹת.

( ) אַבָּא רוֹצֶה לְהִתְפַּלֵּל.

( ) אֵיפֹה אַתָּה רוֹצֶה לְהִתְפַּלֵּל?

( ) הִיא הוֹלֶכֶת לְהִתְפַּלֵּל בְּבֵית הַכְּנֶסֶת.

ב

Write the missing word in each answer after matching it with the suitable question.

שְׁאֵלוֹת Questions

1. מִי הוֹלֵךְ אֶל בֵּית הַכְּנֶסֶת בַּיּוֹם הַשִּׁשִּׁי בָּעֶרֶב?
2. לְמִי יֵשׁ סִדּוּר מִירוּשָׁלַיִם?
3. אֵיפֹה יֵשׁ סִדּוּר בִּשְׁבִיל כָּל אֶחָד?
4. מִי יוֹדֵעַ לָשִׁיר אֶת כָּל הַתְּפִלּוֹת?
5. הַאִם אַבָּא יוֹדֵעַ לָשִׁיר אֶת הַתְּפִלּוֹת כְּמוֹ הַחַזָּן?
6. מִי יוֹדֵעַ אַרְבָּעָה שִׁירִים שֶׁל שַׁבָּת?
7. לָמָּה צָרִיךְ לְהִתְפַּלֵּל?
8. הַאִם הַחַזָּן אוֹרֵחַ בְּכָל בַּיִת שֶׁל יְהוּדִי?

תְּשׁוּבוֹת Answers

( ) הַחַזָּן יוֹדֵעַ ______ אֶת כָּל הַתְּפִלּוֹת.

( ) אַבָּא וְ ______, ______ וְאוֹרָה.

( ) בְּבֵית הַ ______ יֵשׁ סִדּוּר בִּשְׁבִיל כָּל אֶחָד.

( ) לֹא, אַבָּא לֹא ______.

( ) הוּא לֹא אוֹרֵחַ בְּכָל ______.

( ) צָרִיךְ ______ לְשָׁלוֹם וּמְנוּחָה.

( ) לְדָוִד יֵשׁ ______ מִירוּשָׁלַיִם.

( ) אַבָּא יוֹדֵעַ ______ שִׁירִים.

ג

מַה חָסֵר? What's Missing?

Choose one of the following words to complete each sentence.

חַזָן בֵית כְּנֶסֶת תְּפִלוֹת לְהִתְפַּלֵל סִדוּר אֲנַחְנוּ

יְרוּשָׁלַיִם לָשִׁיר

הוּא אוֹהֵב מְאֹד אֶת הַ ______ הַיָפֶה שֶׁלוֹ.

הוּא יוֹדֵעַ ______ שִׁירִים יָפִים.

הַ ______ יוֹדֵעַ אֶת כָּל הַתְּפִלוֹת בַּסִדוּר.

בְּ ______ יֵשׁ בֵּית כְּנֶסֶת גָדוֹל וְיָפֶה.

הֵם הוֹלְכִים לְהִתְפַּלֵל בְּ ______.

הַחַזָן יוֹדֵעַ אֶת כָּל הַ ______.

הוּא לֹא יוֹדֵעַ לִקְרֹא וְלֹא יוֹדֵעַ ______.

______ הוֹלְכִים אֶל בֵּית הַכְּנֶסֶת.

ד

אֱמֹר בְּעִבְרִית Say it in Hebrew

1. David, come to the synagogue!
2. Is this prayerbook a gift?
3. Do you know the prayers?
4. Why do you have to pray?
5. The cantor knows (how) to read Hebrew.
6. He knows two songs.
7. Which song do you want to sing?
8. Is your prayerbook from Jerusalem?

שִׁעוּר אַרְבָּעָה עָשָׂר

Ψ Ψ Ψ Ψ Ψ Ψ Ψ Ψ Ψ Ψ Ψ Ψ Ψ Ψ Ψ Ψ Ψ Ψ

Lesson Fourteen

מָה אוֹמֵר הָרַב?

כָּל אֶחָד בָּא הַבַּיְתָה מִבֵּית הַכְּנֶסֶת.
אִמָּא אוֹמֶרֶת כִּי הַשִּׁירִים וְהַתְּפִלּוֹת בְּבֵית הַכְּנֶסֶת יָפִים
מְאֹד.
אַבָּא אוֹמֵר כִּי לַחַזָּן יֵשׁ קוֹל יָפֶה וְנָעִים.
דָּוִד אוֹמֵר כִּי גַם לָרַב יֵשׁ קוֹל יָפֶה.
הָרַב מְדַבֵּר יָפֶה וְכָל אֶחָד אוֹהֵב לִשְׁמֹעַ כַּאֲשֶׁר הוּא מְדַבֵּר
בַּיּוֹם הַשִּׁשִּׁי בָּעֶרֶב.

— אוֹרָה — אוֹמֵר אַבָּא — הַאִם אַתְּ יוֹדַעַת מַה שֶׁהָרַב אוֹמֵר?

דָּוִד אוֹמֵר כִּי אוֹרָה לֹא יוֹדַעַת מַה שֶׁהָרַב אוֹמֵר, כִּי הִיא מְדַבֶּרֶת עִם רוּת, הַחֲבֵרָה שֶׁלָּהּ, כַּאֲשֶׁר הָרַב מְדַבֵּר.

אֲבָל אוֹרָה יוֹדַעַת מַה שֶׁהָרַב אוֹמֵר. הִיא יוֹדַעַת כִּי הוּא אוֹמֵר שֶׁיּוֹם הַשַּׁבָּת הוּא יוֹם שֶׁל מְנוּחָה וְשָׁלוֹם.

הָרַב אוֹמֵר כִּי הַתּוֹרָה הִיא מַתָּנָה טוֹבָה בִּשְׁבִיל כָּל יְהוּדִי.

הָרַב גַּם אוֹמֵר כִּי כָּל יֶלֶד יְהוּדִי צָרִיךְ לִלְמֹד תּוֹרָה. הוּא אוֹמֵר עוֹד שֶׁכָּל יְהוּדִי צָרִיךְ לָתֵת צְדָקָה.

הָרַב אוֹמֵר: אִם אֵין צְדָקָה אֵין גַּם שָׁלוֹם וּמְנוּחָה.

אַבָּא וְאִמָּא, דָּוִד וְאוֹרָה, הוֹלְכִים הַבַּיְתָה לֶאֱכֹל אֶת אֲרוּחַת הָעֶרֶב לִכְבוֹד שַׁבָּת הַמַּלְכָּה.

שִׂיחָה Conversation

אִמָּא: מַה יָּפִים הַשִּׁירִים וְהַתְּפִלּוֹת בְּבֵית הַכְּנֶסֶת!

אַבָּא: לַחַזָּן יֵשׁ קוֹל נָעִים וְיָפֶה.

דָּוִד: גַּם לָרַב יֵשׁ קוֹל נָעִים.

אוֹרָה: אֲבָל הָרַב לֹא יוֹדֵעַ לָשִׁיר.

דָּוִד: הוּא לֹא צָרִיךְ לָשִׁיר. אֲבָל הוּא מְדַבֵּר יָפֶה. כַּאֲשֶׁר הָרַב מְדַבֵּר אֲנִי אוֹהֵב לִשְׁמֹעַ.

אִמָּא: כָּל אֶחָד אוֹהֵב לִשְׁמֹעַ כַּאֲשֶׁר הָרַב מְדַבֵּר בַּיּוֹם הַשִּׁשִּׁי בָּעֶרֶב.

אַבָּא: אוֹרָה, הַאִם אַתְּ יוֹדַעַת מָה שֶׁהָרַב אוֹמֵר?

דָּוִד: הִיא לֹא יוֹדַעַת. כַּאֲשֶׁר הָרַב מְדַבֵּר הִיא לֹא רוֹצָה לִשְׁמֹעַ. הִיא מְדַבֶּרֶת אֶל רוּת, הַחֲבֵרָה שֶׁלָּהּ.

אוֹרָה: אֲנִי כֵּן יוֹדַעַת! אֲנִי אוֹהֶבֶת לִשְׁמֹעַ כַּאֲשֶׁר הָרַב מְדַבֵּר.

דָּוִד: בְּבַקָּשָׁה, אוֹרָה, מָה אוֹמֵר הָרַב כַּאֲשֶׁר הוּא מְדַבֵּר?

אוֹרָה: טוֹב. הִנֵּה! הָרַב אוֹמֵר שֶׁיּוֹם הַשַּׁבָּת הוּא יוֹם שֶׁל מְנוּחָה וְשָׁלוֹם.

אִמָּא: יָפֶה. וּמָה עוֹד הוּא אוֹמֵר?

אוֹרָה: הוּא אוֹמֵר שֶׁהַתּוֹרָה הִיא מַתָּנָה טוֹבָה בִּשְׁבִיל כָּל יְהוּדִי.

דָּוִד: וְכָל יֶלֶד יְהוּדִי צָרִיךְ לִלְמֹד תּוֹרָה.

אַבָּא: דָּוִד, מַדּוּעַ אַתָּה מְדַבֵּר כַּאֲשֶׁר אוֹרָה מְדַבֶּרֶת?

אוֹרָה: הָרַב אוֹמֵר שֶׁכָּל יְהוּדִי צָרִיךְ לָתֵת צְדָקָה.

אַבָּא: יָפֶה מְאֹד, אוֹרָה, אַתְּ יוֹדַעַת מָה שֶׁהָרַב אוֹמֵר.

אוֹרָה: הָרַב אוֹמֵר עוֹד דָּבָר: אִם אֵין תּוֹרָה וְאֵין צְדָקָה, אֵין גַּם שָׁלוֹם וּמְנוּחָה.

דָּוִד: הָרַב אוֹמֵר: אִם אוֹרָה מְדַבֶּרֶת אֶל הַחֲבֵרָה שֶׁלָּהּ, הִיא יוֹדַעַת כָּל דָּבָר.

אוֹרָה: תּוֹדָה, דָּוִד.

אִמָּא: דָּוִד, אַתָּה אָח טוֹב.

אַבָּא: עַכְשָׁו אֲנַחְנוּ הוֹלְכִים הַבַּיְתָה לֶאֱכֹל אֶת אֲרוּחַת הָעֶרֶב, לִכְבוֹד שַׁבָּת הַמַּלְכָּה!

א

לַחַזָּן קוֹל יָפֶה.
הוּא מְבָרֵךְ בְּקוֹל גָּדוֹל.
הַקּוֹל שֶׁלָּהּ כְּמוֹ הַקּוֹל שֶׁלָּךְ.
לָךְ יֵשׁ קוֹל נָעִים מְאֹד.
הַקּוֹל – קוֹל יַעֲקֹב.

ב

מִי מְדַבֵּר?
מַדּוּעַ אַתָּה מְדַבֵּר?
הוּא מְדַבֵּר וּמְדַבֵּר.
סַבָּא מְדַבֵּר אֶל סַבְתָּא.
הָרַב מְדַבֵּר יָפֶה.

ג

הִנֵּה הַסֵּפֶר שֶׁלָּהּ.
אֵיפֹה הַדּוֹד שֶׁלָּהּ?
זֶה הַכֶּסֶף שֶׁלָּהּ
הַנֵּרוֹת הֵם שֶׁלָּהּ.
זֶה הַקּוֹל שֶׁלָּהּ.

ד

הַאִם אַתָּה רוֹצֶה לִשְׁמֹעַ?
כַּאֲשֶׁר הָרַב מְדַבֵּר, צָרִיךְ לִשְׁמֹעַ.
הִיא לֹא רוֹצָה לִשְׁמֹעַ דָּבָר.
טוֹב לִשְׁמֹעַ שִׁירִים יָפִים.
הַאִם אֶפְשָׁר לִשְׁמֹעַ כַּאֲשֶׁר הוּא מְדַבֵּר?

ה

יֶלֶד לוֹמֵד תּוֹרָה.
צָרִיךְ לִלְמֹד תּוֹרָה.
הִנֵּה סֵפֶר הַתּוֹרָה!
הַיְּהוּדִי אוֹהֵב אֶת הַתּוֹרָה.
בְּבֵית הַכְּנֶסֶת יֵשׁ סֵפֶר תּוֹרָה.

ו

מִי הָרַב שֶׁל בֵּית הַכְּנֶסֶת?
הָרַב יוֹדֵעַ אֶת הַתּוֹרָה.
מָתַי בָּא הָרַב?
הַחַזָּן מְדַבֵּר אֶל הָרַב.
גַּם בְּבֵית כְּנֶסֶת קָטָן יֵשׁ רַב.

א

Check (V) the sentence which best describes the illustration.

( ) הַחַזָּן מְדַבֵּר אֶל אַבָּא.
( ) הָרַב מְדַבֵּר אֶל הַחַזָּן.
( ) אַבָּא מְדַבֵּר אֶל הָרַב.

( ) לַחַזָּן יֵשׁ קוֹל יָפֶה וְנָעִים.
( ) בְּבֵית הַכְּנֶסֶת יֵשׁ סֵפֶר תּוֹרָה.
( ) אֲנִי הוֹלֶכֶת כַּאֲשֶׁר צָרִיךְ לָלֶכֶת.

( ) אִמָּא שֶׁלִּי מְדַבֶּרֶת אֶל אִמָּא שֶׁל רוּת.
( ) הִיא רוֹצָה לִשְׁמֹעַ מַה שֶּׁאֲנִי אוֹמֶרֶת.
( ) הַאִם אֶפְשָׁר לִשְׁמֹעַ אֶת הַקּוֹל שֶׁלּוֹ?

( ) הַיּוֹם אֵין הָרַב בְּבֵית הַכְּנֶסֶת.
( ) צָרִיךְ לִשְׁמֹעַ כַּאֲשֶׁר הָרַב מְדַבֵּר.
( ) הַקּוֹל שֶׁלְּךָ כְּמוֹ הַקּוֹל שֶׁל הָרַב.

Use this table of the numerical values of the Hebrew letters to write the Hebrew translation of the English words in the right-hand column below.

100 = ק	10 = י	1 = א
200 = ר	20 = כּ כ ך	2 = בּ ב
300 = שׁ שׂ	30 = ל	3 = ג
40ת תּ	40 = מ ם	4 = ד
	50 = נ ן	5 = ה
	60 = ס	6 = ו
	70 = ע	7 = ז
	80 = פּ פ ף	8 = ח
	90 = צ ץ	9 = ט

(The vowels appearing underneath and next to the numbers go with the corresponding Hebrew letters.)

____________	(30 6ֹ 100)	voice
____________	(200 2ֵ 4ַ 40ְ)	(he) speaks
____________	(400 20ֶ0 2ֵ 4ַ 40ְ)	(she) speaks
____________	(5 30ָ 30ֶ0)	her
____________	(200 30ֶ0 1ֲ 20ַ)	when, as
____________	(5 20ָ0 6ֹ 400)	Law
____________	(70ַ 4ֹ0 30ְ0 30ִ)	to listen, hear
____________	(2 20ַ0)	rabbi

ג

מַה חָסֵר? What's Missing?

Draw a line from each word on the left to the sentence where it belongs.

טוֹב לָשִׁיר בְּ ______ נָעִים וְיָפֶה.	1	מְדַבֵּר
הִיא ______ כַּאֲשֶׁר צָרִיךְ לָשִׁיר.	2	תּוֹרָה
דָּוִד ______ אֶל הֶחָבֵר שֶׁלוֹ יוֹסֵף.	3	קוֹל
צָרִיךְ ______ כַּאֲשֶׁר הָרַב מְדַבֵּר.	4	רַב
הִיא רוֹצָה לִכְתֹּב שִׁיר בַּמַּחְבֶּרֶת ______.	5	מְדַבֶּרֶת
אֲנִי רוֹאֶה אֶת הָ ______ בְּבֵית הַכְּנֶסֶת.	6	שֶׁלָּה
כָּל יְהוּדִי צָרִיךְ לִלְמֹד ______.	7	לוֹ
אֲנִי נוֹתֵן ______ סִדּוּר יָפֶה.	8	לִשְׁמֹעַ

ד

אֱמֹר בְּעִבְרִית Say it in Hebrew

1 The cantor has a beautiful voice.
2 David, do you speak Hebrew?
3 Does Ruth talk in the synagogue?
4 I like to listen when he speaks.
5 This is her song.
6 The rabbi is studying the Law.
7 When does the rabbi speak?
8 Your voice is like my voice.

שִׁעוּר חֲמִשָּׁה עָשָׂר

╍╍╍╍╍╍╍╍╍╍╍╍╍╍╍╍╍╍╍╍╍╍╍╍╍╍╍╍╍╍╍╍╍

Lesson Fifteen

סֵפֶר ״בְּרֵאשִׁית״

הַיּוֹם יוֹם שַׁבָּת. דָּוִד וְהֶחָבֵר שֶׁלּוֹ, זְאֵב, הוֹלְכִים אֶל בֵּית
הַכְּנֶסֶת בַּבֹּקֶר. הֵם הוֹלְכִים לְהִתְפַּלֵּל.
בְּבֵית הַכְּנֶסֶת דָּוִד לֹא רוֹאֶה אֶת אַבָּא שֶׁל זְאֵב.
הוּא אוֹמֵר:
— הַאִם אַבָּא שֶׁלְּךָ עוֹד חוֹלֶה?
זְאֵב אוֹמֵר כִּי אַבָּא שֶׁלּוֹ לֹא חוֹלֶה. הוּא אוֹמֵר כִּי גַּם אַבָּא
שֶׁלּוֹ בְּבֵית הַכְּנֶסֶת. הוּא עוֹמֵד עַל-יַד הָרַב.

זְאֵב אוֹמֵר כִּי אַבָּא שֶׁלּוֹ יוֹדֵעַ לָשִׁיר. הוּא עוֹזֵר לַחַזָּן וְהוּא קוֹרֵא בַּתּוֹרָה.

דָּוִד יוֹדֵעַ כִּי הַיּוֹם צָרִיךְ לִקְרֹא בְּסֵפֶר "בְּרֵאשִׁית". בַּסֵּפֶר הַזֶּה שֶׁל הַתּוֹרָה יֵשׁ גַּם הַקִּדּוּשׁ.

כָּל אֶחָד קוֹרֵא בַּקִּדּוּשׁ כִּי ה׳ עָשָׂה כָּל דָּבָר וְדָבָר בְּשִׁשָּׁה יָמִים. בַּיּוֹם הַשְּׁבִיעִי לֹא עָשָׂה דָּבָר. הַיּוֹם הַשְּׁבִיעִי הוּא יוֹם הַשַּׁבָּת, יוֹם שֶׁל מְנוּחָה.

דָּוִד אוֹמֵר כִּי הוּא יוֹדֵעַ אֶת כָּל סֵפֶר "בְּרֵאשִׁית".

זְאֵב אוֹמֵר:

— בְּבַקָּשָׁה דָּוִד. הִנֵּה הָרַב מְדַבֵּר! עַכְשָׁו צָרִיךְ לִשְׁמֹעַ מַה שֶּׁהָרַב אוֹמֵר.

דו־שִׂיחַ Dialogue

דָוִד: שָׁלוֹם, זְאֵב, גַּם אַתָּה בְּבֵית הַכְּנֶסֶת?

זְאֵב: אֲנִי הוֹלֵךְ לְהִתְפַּלֵּל בְּכָל יוֹם שַׁבָּת בַּבֹּקֶר.

דָוִד: אֲנִי רוֹאֶה כִּי גַם לְךָ יֵשׁ סִדּוּר יָפֶה מִירוּשָׁלַיִם.
הַאִם זֹאת מַתָּנָה?

זְאֵב: כֵּן, זֹאת מַתָּנָה שֶׁל אַבָּא שֶׁלִּי.

דָוִד: אֲנִי לֹא רוֹאֶה אֶת אַבָּא שֶׁלְּךָ בְּבֵית הַכְּנֶסֶת.
הַאִם הוּא עוֹד חוֹלֶה?

זְאֵב: הוּא לֹא חוֹלֶה, וְהוּא בְּבֵית הַכְּנֶסֶת. הִנֵּה הוּא!

דָוִד: כֵּן. אֲנִי רוֹאֶה. הוּא עוֹמֵד עַל־יַד הָרַב.

זְאֵב: הוּא קוֹרֵא בַּתּוֹרָה. הוּא גַם עוֹזֵר לַחַזָּן.

דָוִד: הַאִם גַם אַתָּה יוֹדֵעַ לִקְרֹא בַּתּוֹרָה?

זְאֵב: עוֹד לֹא. אֲבָל אֲנִי לוֹמֵד לִקְרֹא בַּתּוֹרָה.

דָוִד: גַם סַבָּא שֶׁלִי יוֹדֵעַ לִקְרֹא בַּתּוֹרָה.

זְאֵב: הַאִם אַתָּה יוֹדֵעַ אֶת שֵׁם סֵפֶר הַתּוֹרָה שֶׁצָּרִיךְ לִקְרֹא בַּשַּׁבָּת הַזֹּאת?

דָוִד: אֲנִי יוֹדֵעַ. הַיּוֹם צָרִיךְ לִקְרֹא בְּסֵפֶר ״בְּרֵאשִׁית״.

זְאֵב: בְּסֵפֶר ״בְּרֵאשִׁית״ יֵשׁ הַקִּדּוּשׁ שֶׁל שַׁבָּת.

דָוִד: כֵּן. כָּל אֶחָד קוֹרֵא בַּקִּדּוּשׁ כִּי ה׳ עָשָׂה כָּל דָּבָר בְּשִׁשָּׁה יָמִים.

זְאֵב: וּבַיּוֹם הַשְּׁבִיעִי לֹא עָשָׂה דָבָר! בַּיּוֹם הַשְּׁבִיעִי בָּאָה הַמְּנוּחָה.

דָוִד: הַיּוֹם הַשְּׁבִיעִי הוּא יוֹם הַשַּׁבָּת.

זְאֵב: בְּבַקָּשָׁה, דָוִד, עַכְשָׁו צָרִיךְ לִשְׁמֹעַ. הָרַב מְדַבֵּר.

דְּגָמֵי מִשְׁפָּט Sentence Patterns

א

אַרְבָּעָה וּשְׁנַיִם הֵם שִׁשָּׁה.
הוּא עוֹבֵד שִׁשָּׁה יָמִים.
אַתְּ מַדְלִיקָה שִׁשָּׁה נֵרוֹת?
עַל הַשֻּׁלְחָן שִׁשָּׁה פְּרָחִים.
לְשִׁשָּׁה יְלָדִים שִׁשָּׁה כַּדּוּרִים.

ב

מַדּוּעַ אַתָּה עוֹמֵד?
מִי עוֹמֵד בַּגַּן?
כָּל אֶחָד עוֹמֵד.
אֶחָד הוֹלֵךְ וְאֶחָד עוֹמֵד.
אֵיךְ הוּא עוֹמֵד?

ג

ה׳ עָשָׂה כָּל דָּבָר.
מִי עָשָׂה זֹאת?
לָמָּה עָשָׂה דָּבָר זֶה?
הוּא עָשָׂה מַשֶּׁהוּ טוֹב.
מֶה עָשָׂה הַיּוֹם?

ד

ה׳ עָשָׂה כָּל דָּבָר בְּשִׁשָּׁה יָמִים.
מֶה עָשָׂה ה׳ בַּיּוֹם הַשְּׁבִיעִי?
הוּא אוֹהֵב אֶת ה׳.
מֶה עָשָׂה ה׳ בְּיוֹם הַשַּׁבָּת?
צָרִיךְ לְהִתְפַּלֵּל אֶל ה׳.

ה

הַאִם הַיּוֹם יוֹם הַשְּׁבִיעִי?
מָחָר יוֹם הַשְּׁבִיעִי.
מֶה עָשָׂה בַּיּוֹם הַשְּׁבִיעִי?
הוּא לֹא עָשָׂה דָּבָר בַּיּוֹם הַשְּׁבִיעִי.
הַיּוֹם יוֹם שִׁשִּׁי, וּמָחָר שַׁבָּת.

ו

הוּא קוֹרֵא סֵפֶר.
הָרַב קוֹרֵא בַּתּוֹרָה.
אֲנִי קוֹרֵא עִבְרִית.
מָה אַתָּה קוֹרֵא?
הוּא קוֹרֵא עִתּוֹן.

א

Check (V) the sentence which best describes the illustration.

( ) כָּל אֶחָד עוֹמֵד בְּבֵית הַכְּנֶסֶת.

( ) הָרַב עוֹמֵד וּמְדַבֵּר.

( ) מַדּוּעַ אַתָּה עוֹמֵד וּמְדַבֵּר?

( ) ה׳ עָשָׂה כָּל דָּבָר וְדָבָר.

( ) הוּא יוֹדֵעַ לָשִׁיר שִׁירִים.

( ) הוּא קוֹרֵא בְּסֵפֶר הַתּוֹרָה.

( ) לַיַּלְדָּה יֵשׁ שִׁשָּׁה פְּרָחִים.

( ) ה׳ עָשָׂה כָּל דָּבָר בְּשִׁשָּׁה יָמִים.

( ) שֵׁם הַסֵּפֶר ״בְּרֵאשִׁית״.

( ) מֶה עָשָׂה ה׳ בַּיּוֹם הַשְּׁבִיעִי?

( ) הַיּוֹם יוֹם שִׁשִּׁי; מָחָר יוֹם הַשַּׁבָּת.

( ) יוֹם הַשַּׁבָּת הוּא יוֹם מְנוּחָה.

ב

Write the number of the English sentence at the beginning of the Hebrew sentence which has the same meaning.

1 I study "Genesis".	( )	ה׳ עוֹשֶׂה כָּל דָּבָר.
2 What is he reading?	( )	הִיא בָּאָה לְאַרְבָּעָה יָמִים.
3 Where is he standing?	( )	אֲנִי לוֹמֵד ״בְּרֵאשִׁית״.
4 God does everything.	( )	אֵיפֹה הוּא עוֹמֵד?
5 What did he do today?	( )	שְׁנַיִם וְאַרְבָּעָה הֵם שִׁשָּׁה.
6 She is coming for four days.	( )	מֶה עָשָׂה הַיּוֹם?
7 This is the seventh day.	( )	מַה הוּא קוֹרֵא?
8 Two and four (are) six.	( )	זֶה הַיּוֹם הַשְּׁבִיעִי.

ג

Read each sentence, then circle the word כֵּן *or* לֹא.

1 דָּוִד רוֹאֶה אֶת זְאֵב בְּשַׁבָּת בַּבֹּקֶר.	כֵּן	לֹא
2 הַחַזָּן עוֹמֵד בְּבֵית הַכְּנֶסֶת.	כֵּן	לֹא
3 דָּוִד קוֹרֵא בַּתּוֹרָה.	כֵּן	לֹא
4 ״בְּרֵאשִׁית״ זֶה שֵׁם שֶׁל סֵפֶר.	כֵּן	לֹא
5 ה׳ עָשָׂה כָּל דָּבָר בְּאַרְבָּעָה יָמִים.	כֵּן	לֹא
6 בַּיּוֹם הַשְּׁבִיעִי עָשָׂה ה׳ כָּל דָּבָר וְדָבָר.	כֵּן	לֹא
7 הַיּוֹם הַשְּׁבִיעִי הוּא יוֹם הַשַּׁבָּת.	כֵּן	לֹא
8 שְׁנַיִם וְעוֹד שְׁנַיִם הֵם שִׁשָּׁה.	כֵּן	לֹא

ד

מַה חָסֵר? What's Missing?

Choose one of the following words to complete each sentence.

לַעֲשׂוֹת ״בְּרֵאשִׁית״ שִׁשָּׁה ה׳ קוֹרֵא יָמִים

שְׁבִיעִי עַל יַד

הוּא עוֹמֵד ________ הָרַב.

מִי קוֹרֵא בְּסֵפֶר ________ ?

הוּא עָשָׂה מַה שֶּׁצָּרִיךְ ________.

אֲנִי בָּא בַּיּוֹם הַשִּׁשִּׁי וְהוּא בָּא בַּיּוֹם הַ ________.

שְׁנֵי יָמִים וְעוֹד שְׁנֵי ________ הֵם אַרְבָּעָה יָמִים.

אַרְבָּעָה כַּדּוּרִים וְעוֹד שְׁנֵי כַּדּוּרִים הֵם ____ כַּדּוּרִים.

הַאִם אַתָּה ________ יָפֶה בַּסֵּפֶר?

מֶה עָשָׂה ________ בְּשִׁשָּׁה יָמִים?

ה

אֱמֹר בְּעִבְרִית Say it in Hebrew

1 Why are you standing on the table?
2 Who knows beautiful songs?
3 The name of the book is "Genesis".
4 Is your father still sick?
5 Are you working six days?
6 What are you doing (on) the seventh day?
7 What did he do in six days?
8 God likes justice (charity) and peace.

רְשִׁימַת מִלִּים Word List

Abbreviations: *m.* = masculine *f.* = feminine *s.* = singular *pl.* = plural

אַבָּא father
אֲבָל but
אָדוֹן Mr., gentleman
אוֹהֵב like(s), love(s)—*m.s.*
אוֹהֶבֶת like(s), love(s)—*f.s.*
אוֹכֵל eat(s)—*m.s.*
אוֹכֶלֶת eat(s)—*f.s.*
אוֹמֵר say(s)—*m.s.*
אוֹמֶרֶת say(s)—*f.s.*
אוֹפָה bake(s)—*f.s.*
אוֹרֵחַ guest
אוֹרְחִים guests
אָח brother
אֶחָד one
אִי אֶפְשָׁר impossible
אֵיזֶה which
אֵיךְ how
אֵין there isn't
אֵין לִי I do not have
אֵין לְךָ you don't have—*m.s.*
אֵין לָךְ you don't have—*f.s.*
אֵיפֹה where (is)?
אֶל to
אִם if
אִמָּא mother
אֱמֹר say!
אַנְגְּלִית English
אֲנַחְנוּ we
אֲנִי I
אֶפְשָׁר possible, perhaps
אַרְבָּעָה four
אֲרוּחָה meal
אֲרוּחַת־בֹּקֶר breakfast
אֲרוּחַת־עֶרֶב dinner
אֶת (used before direct object)
אַתְּ you—*f.s.*
אַתָּה you—*m.s.*

בְּ, בַּ, בָּ in, in the
בָּא (he) comes
בָּאָה (she) comes
בָּאִים (are) coming
בְּבַקָּשָׁה please
בּוֹא come!—*m.s.*
בּוֹא הֵנָּה come here!—*m.s.*
בּוֹאִי come!—*f.s.*
בּוֹאִי הֵנָּה come here!—*f.s.*
בֵּיצָה egg
בַּיִת house
בֵּית כְּנֶסֶת synagogue
בְּעַצְמִי by myself
בֹּקֶר morning
בְּרֵאשִׁית Genesis
בְּרוּכִים blessed—*m.pl.*
בִּשְׁבִיל for
בִּשְׁבִילִי for me
בִּשְׁבִילְךָ, בִּשְׁבִילֵךְ for you—*m.s., f.s.*
בְּשֵׁם by the name of; called
בְּתֵאָבוֹן "good appetite"

גְּבִינָה cheese
גָּדוֹל big
גְּבֶרֶת Mrs.; madame
גִּיר chalk
גַּם also
גַּן garden

דָּבָר a thing
דְּבָרִים things
דּוֹד uncle
דּוֹדָה aunt
דּוֹלָרִים dollars

הַ, הָ, הֶ the
הַאִם do you? are you?
הַבַּיְתָה (going) home

הוּא	he
הוֹלֵךְ	walk(s), go(es)—*m.s.*
הוֹלְכִים	(are) going—*m.pl.*
הוֹלֶכֶת	walk(s)—*f.s.*
הִיא	she
הַיּוֹם	today
הֵם	they—*m.*
הִנֵּה	here (is)
הֵנָּה	here
וְ, וּ, וָ, וַ	and
זֹאת	this—*f.s.*
זֶה	this—*m.s.*
חִבּוּר	composition
חָבֵר, חֲבֵרָה	friend—*m.s., f.s.*
חֲבֵרִים	friends—*m.*
חוֹלֶה	sick—*m.s.*
חוֹר	hole
חַזָּן	cantor
חָלָב	milk
חַלּוֹת	Sabbath bread
חֶמְאָה	butter
חֲנוּת	store
טוֹב, טוֹבָה	good—*m.s., f.s.*
טוֹבִים	good—*m.pl.*
יְהוּדִי	Jew, Jewish
יוֹדֵעַ	know(s)—*m.s.*
יוֹדַעַת	know(s)—*f.s.*
יוֹם	day
יַיִן	wine
יֶלֶד	boy
יַלְדָּה	girl
יְלָדִים	children
יָמִים	days
יָפֶה, יָפָה	nice, pretty—*m.s., f.s.*
יָפִים	nice, pretty—*m.pl.*
יְרוּשָׁלַיִם	Jerusalem
יֵשׁ	there is
יֵשׁ לִי	I have
יֵשׁ לְךָ, יֵשׁ לָךְ	you have—*m.s., f.s.*
כַּאֲשֶׁר	when, as
כַּדּוּר	ball
כַּדּוּר־רֶגֶל	football
כַּדּוּרִים	balls
כִּי	because, that
כִּיס	pocket
כָּל	every, all
כָּל אֶחָד	everybody
כֶּלֶב	dog
כְּמוֹ	like, as
כֵּן	yes
כֶּסֶף	money
כִּתָּה	classroom
לְ, לִ, לַ, לָ	to; to the
לֹא	no
לֶאֱכֹל	to eat
לְהַכִּיר	to meet (know)
לְהִתְפַּלֵּל	to pray
לוֹ	to him
לוּחַ	blackboard
לוֹמֵד, לוֹמֶדֶת	(is) studying—*m.s., f.s.*
לֶחֶם	bread
לִי	to me; I have
לְךָ, לָךְ	to you; you have—*m.s., f.s.*
לִכְבוֹד	in honor of
לִכְתֹּב	to write
לָלֶכֶת	to walk; to go
לִלְמֹד	to study
לָמָה	what for, why
לִמְכֹּר	to sell
לַעֲזֹר	to help
לַעֲשׂוֹת	to do
לִקְנוֹת	to buy
לִקְרֹא	to read
לְשַׂחֵק	to play
לָשִׁיר	to sing
לִשְׁמֹעַ	to hear
לָתֵת	to give
מְאֹד	very
מְבָרֵךְ, מְבָרֶכֶת	bless(es)—*m.s., f.s.*
מְדַבֵּר, מְדַבֶּרֶת	speak(s)—*m.s., f.s.*

מַדּוּעַ	why
מַדְלִיק, מַדְלִיקָה	light(s)—*m.s., f.s.*
מַה, מָה, מֶה	what; how
מַה יֵּשׁ	what's the matter?
מוֹכֵר	sell(s)—*m.s.*
מוֹרֶה	teacher—*m.*
מַחְבֶּרֶת	notebook
מָחָר	tomorrow
מִי	who
מַלְכָּה	queen
מִן, מִ	from, than
מְנוּחָה	rest
מַשֶּׁהוּ	something
מָתַי	when
מַתָּנָה	gift
נוֹתֵן	give(s)—*m.s.*
נָעִים	pleasant
נֵרוֹת	candles
סַבָּא	grandpa
סַבְתָּא	grandma
סִדּוּר	prayerbook
סֵפֶר, סְפָרִים	book(s)
עִבְרִית	Hebrew
עוֹבֵד	work(s)—*m.s.*
עוּגָה	cake
עוֹד	more, else, still
עוֹד לֹא	not yet
עוֹזֵר	help(s)—*m.s.*
עוֹמֵד	stand(s)—*m.s.*
עוֹשֶׂה	do(es), make(s)—*m.s.*
עַל־יַד	next to
עִם	with
עֶרֶב	evening
עָשָׂה	did, made
עִתּוֹן, עִתּוֹנִים	newspaper(s)
פְּרָחִים	flowers
צְדָקָה	charity
צָרִיךְ	must, has to
קִדּוּשׁ	blessing over wine
קוֹל	voice
קוֹרֵא	read(s)—*m.s.*
קָטָן	small, little—*m.s.*
קְנֵה	buy!
קָפֶה	coffee
קֶרֶן־עַמִּי	(name of a fund)
רַב	rabbi
רוֹאֶה	see(s)—*m.s.*
רוֹצֶה, רוֹצָה	want(s)—*m.s., f.s.*
רְחוֹב	street
שֶׁ	that
שְׁבִיעִי	seventh
שַׁבָּת	Saturday, Sabbath
שׁוֹתֶה	drink(s)—*m.s.*
שִׁיר, שִׁירִים	song(s)
שֶׁל	of
שֶׁלָּהּ	her(s)
שֶׁלּוֹ	his
שָׁלוֹם	hello, goodbye
שֻׁלְחָן	table
שֶׁלֶט	sign, shingle
שֶׁלִּי	my, mine
שֶׁלְּךָ	your, yours—*m.s.*
שֶׁלָּךְ	your, yours—*f.s.*
שֵׁם	name
שָׂמָה	put(s)—*f.s.*
שְׁמִי	my name
שִׁמְךָ	your name—*m.s.*
שְׁמֵךְ	your name—*f.s.*
שְׁנֵי	two ... of
שְׁנַיִם	two
שִׁשָּׁה	six
שִׁישִּׁי	sixth
תּוֹדָה	tanks
תּוֹרָה	Law, Torah
תַּלְמִיד, תַּלְמִידָה	student—*m.s., f.s.*
תַּלְמִידוֹת	students—*f.pl.*
תַּלְמִידִים	students—*m.pl.*
תְּפִלּוֹת	prayers